U0502110

高校体育文化教育与运动研究

张 鹏 著

吉林科学技术出版社

图书在版编目（CIP）数据

高校体育文化教育与运动研究 / 张鹏著 . -- 长春：
吉林科学技术出版社 , 2020.10
ISBN 978-7-5578-7728-6

Ⅰ . ①高… Ⅱ . ①张… Ⅲ . ①高等学校—体育文化—
教学研究 Ⅳ . ① G807.4

中国版本图书馆 CIP 数据核字 (2020) 第 199282 号

高校体育文化教育与运动研究

著	张　鹏
出 版 人	李　梁
责任编辑	杨超然
封面设计	飒　飒
制　　版	长春美印图文设计有限公司
幅面尺寸	145mm×210mm　1/32
字　　数	150 千字
页　　数	172
印　　张	5.375
印　　数	1-200 册
版　　次	2020 年 10 月第 1 版
印　　次	2020 年 10 月第 1 次印刷

出　　版　吉林科学技术出版社
发　　行　吉林科学技术出版社
地　　址　长春市净月区福祉大路 5788 号
邮　　编　130118
发行部电话 / 传真　0431-81629529　81629530　81629531
　　　　　　　　　　81629532　81629533　81629534
储运部电话　0431-86059116
编辑部电话　0431-81629518
网　　址　www.jlstp.net
印　　刷　长春市昌信电脑图文制作有限公司

书　　号　ISBN 978-7-5578-7728-6
定　　价　40.00 元

版权所有　翻印必究　举报电话：0431-81629508

前　言

　　本书以高校体育文化教育的建设为研究对象，深入地剖析了我国目前高校体育教育同校园体育文化之间的联系与影响。体育文化教育是高校体育教育的根本，是素质教育的主要内容，是促进大学生终身体育形成和发展的有效方法，把体育文化教育和校园体育文化结合起来，并在课堂教学和课外体育活动中进行体育意识、体育精神、体育文化教育，才会改变现有教学模式的不足，激发学生学习体育的积极性、主动性，培养他们的体育兴趣，激发他们的体育热情，养成良好的体育习惯，并最终形成终身体育的习惯。

　　文化对人的影响在有形和无形之中，有形是给人直接"作用力"，无形是通过潜移默化的渗透，影响人的思想思维理念，固化和规范人的行为。在结合高校体育文化教育特点的基础上，本书开创性地提出了"三位一体"的教育模式，即教师引导、实践体验、环境熏陶，突破了传统意义上校园体育文化隐性的单一传播形式，将有声和有形的教育纳入教育过程中，拓展实践教育空间，强化"环境熏陶"这一无声的微妙的教育领域。这种模式的构建有利于高校体育文化教育的具体实施，能改善当前体育文化教育自由接受式的弊端，减少学生尝试发现体育文化内容过程中的困惑，为学生的自我完善指明方向、提供保障，对大面积提高学生体育文化素养有积极作用。

随着时代的发展，一些新兴的体育休闲运动赢得了90后、00后的青睐，跆拳道、越野、轮滑、瑜伽、街舞等也逐渐走入了体育课堂。本书在论述中注意到高校体育文化建设的这一变化，鼓励高校在课堂教学、校园体育活动、社团活动中积极地开展这类运动的教学和比赛，使学生不再"热爱体育，但不爱上体育课"，通过多种形式的体育项目向他们宣传体育意识、体育文化、体育精神。同时，基于"互联网+"这一时代浪潮，本书论述了如何在体育课堂引入微课、慕课等教学形式，使高校体育文化教育能够延伸到课外之外，成为学生生活的一部分，激发他们学习体育的热情，提高学习的主动性和积极性。

本书在撰写的过程中，吸收了部分专家、学者的一些研究成果和著述内容，笔者在此表示衷心的感谢。由于笔者水平有限，书中难免会有缺点和错误，恳请广大读者批评指正。

目 录

第一章　我国高校体育文化教育探究

第一节　高校体育文化教育的内涵和方式

为了培养出适应 21 世纪需要的合格人才，我国政府对教育事业的发展做出了顶层设计，颁布了《中共中央国务院关于深化教育改革全面推进素质教育的决定》，把"加强学生的心理健康教育，培养学生坚忍不拔的意志、艰苦奋斗的精神，增强青少年适应社会生活的能力"作为一项重要的教育使命。高校体育文化教育正是这一教育使命的鲜明体现。因此，我们要树立正确的教育理念，发挥好高校体育文化教育的功能，用它来塑造人、服务人。作为高校体育教育的主要目标——高校体育文化教育对正确的体育教育观的树立起到关键作用。

一、如何正确理解文化和体育文化

人们对文化的研究总会因时代和地域的不同而有所侧重，但是不管基于什么角度去研究文化，都是围绕人和文化这个中心进行的。体育作为人们身体活动的方式，虽然是生理上的自然属性，但是当这种活动与社会关系体系产生关联的时候，它就需要履行一定的社会职能并被各种各样的人类活动所利用，因此，体育具有文化性，体育文化也应运而生。

（一）什么是文化

我国古代的思想很早就出现了"文化"这个词，它是"人文化成"的简称，大体上指的是对人施以文治教化，把新生的本来不懂事理之人培养成为有教养的人的过程。[①] 西方一些著名的学者也对文化进行了定义。例如，英国文化学家 Taylor（泰勒）是这样定义的：文化是一个复杂的总体，包括知识、信仰、艺术、道德、法律、风俗，以及人类在社会生活里所获得的一切能力与习惯。美国文化人类学家 Kroeber（克罗伯）和克拉享则将文化定义为：包括各种外显和内隐的行为模式，它通过符号的运用使人们习得及传授，并构成人类群体的显著成就。在借鉴了《苏联大百科全书》对文化定义的基础上，我国的《辞海》从广义和狭义两个层面对"文化"做出如下定义：广义的文化指的是人类社会历史实践过程中所创造的物质财富和精神财富的总和；狭义的文化指的是社会的意识形态，以及与之相适应的制度和组织机构。

（二）什么是体育文化

我国的一些研究者基于不同的角度对体育文化的含义做出了界定。根据文化的概念，童绍岗等是这样定义体育文化的：体育文化是人类在社会活动、体育生活中所形成的身体活动方式、生活方式，以及所创造的物质产品、精神产品，体现人类身体教育智慧和身体练习实践能力的总和。[②] 体育文化涵盖了人类与体育运动的物质、制度、精神文化相关的一切活动，包括人类的体育认识、体育情感、体育价值、体育理想、体育道德、体育制度、体育物质条件等。值得注意的是，我们一定不能把体育文化

---

①钟喜婷，罗林，赖国健.文化学视角下的现代篮球运动——浅谈篮球文化之"内"与"外"[J].首都体育学院学报，2005（01）：12-16.
②曲宗湖，杨文轩.现代社会与学校体育[M].北京：人民体育出版社，1999：23-27.

和体育运动混为一体。体育文化有以下四个层面的意义：首先，我们不能把简单的身体活动等同于体育运动，体育运动的本质是一种文化现象；其次，体育活动是基于一定的文化背景产生的，我们需要对它背后的文化背景进行深入的研究和探讨；再次，人们研究体育运动和文化之间的关系及体育运动的文化意义是为了更好地确立人类文化大系统中体育所占据的地位；最后，塑造拥有独立形态价值的体育文化是全人类所要努力追求的目标。作为整个人类文化系统中的一个系统——体育文化是因所处的历史时期、地域的社会文化形态的不同，其自身的形态也是不同的。体育和其他社会文化存在着既横向，又纵向的联系，随着社会发展水平的不断提高，它们之间的联系也越紧密。一言以蔽之，当社会发生变迁的时候，生产力水平、民族风格、传统文化中或积极或消极的因素都对体育的发展产生了不同程度的影响，而人类的精神世界、审美意识、价值观念、创造能力、生活方式也同样受到了体育运动的影响。体育在文化中所实践的根本物质产品是完善发展起来的人的身体，体育在文化中表现出的最高精神产品是人的智慧，人类通过参与体育运动所塑造的活跃人体，在物质与精神综合的文化意义上的集中表现便是美。①

（三）文化和体育文化有什么关系

美国当代著名的人类学家 Ruth Benedict（鲁斯·本尼迪克特）说过这样一句话："文化就是通过某个民族的活动而表现出来的一种思维和行动方式。"我们之所以把体育称之为一种文化，其原因有四。首先，人类创造了体育运动，它是人类后天习得的，而不是遗传性的身体活动。体育运动与动物本能的肢体活动和嬉

---

① 唐士敏，郭舰洋. 普通高校体育文化教育的内涵与方式 [J]. 体育世界·学术，2015(08)：43-44.

戏不同，是人类思维方式的表达和传递。因此，我们可以认为体育的产生具有文化意义。其次，正如我们之前讲到的，体育运动有着文化的所有特质。除了外在的身体活动形式，以及设施、器材等物态体系，体育运动还具有内在的价值观念、意识形态、行为规范等心理历程，以及心物结合的中间层次的内容。再次，体育是通过人类自身的活动来改变人的自然属性和社会属性，以达到转变自然价值和社会价值的目的。体育成为社会上层建筑的一部分，早已超过了物质文化体系。最后，文化的时代性、世界性、阶级性、民族性、继承性等都反映在了体育运动的发展历程中。我们如果只从体育所具有的生物效能和社会价值的角度来看，体育活动只是开发和利用人类自身潜力的过程。但是如果从文化的角度来看，体育早已超越了开发和释放人类生物能量、生物极限的范畴。体育作为一种人类文化现象，在传递文化的过程中，在人类自我的个体生理环境、心理环境，乃至社会群体的生理环境、心理环境中，在不断地、永恒地创造和赋予新的意义和价值。它对于人的思维方式、价值观念、行为特点和情感方式的影响，有着不可忽视的作用。人类自身价值和社会价值的发展通过体育实现了完美结合。

二、如何正确理解高校体育文化教育

培养人的全面发展、传播文化思想是我国高校教育的目的。除了体现教育目的，高校体育文化教育还有着自身的特殊意义，即发扬现代体育精神。

（一）高校体育文化教育是素质教育一项不可或缺的内容

作为国家的宝贵财富，大学生是推动国家政治、经济、文化发展和科技进步的一股永不枯竭的动力，而身心健康则是人们综合素质的重要组成部分，为其走向成功奠定了基础。因此，大学生的身心健康在一定程度上反映了国家综合国力的强弱，关系到国家建设的成败，也是民族兴旺发达的重要标志。体育既是哲学思维也是理性的思考，大学生参加体育活动可以帮助他们更好地认识自我，不断地完善自我，达到自我教育的目的。大学生在正确地认识自我的基础之上，便会主动地对自身不正确的认识和行为进行改正，努力培养和提高当今社会需要的心理品质和各种能力，以适应社会发展的需要，为今后步入社会打下坚实的基础。大学生参加各种体育运动，能够帮助他们培养优良的品质，如勇敢顽强、吃苦耐劳、坚持不懈，克服畏惧困难、不思进取的不良思想，以积极乐观的心态融入集体之中，热爱集体、热爱祖国，勤于动脑、冷静沉着、谦虚好学，最终形成健康向上、阳光乐观的心理状态。高校实施体育文化教育能够促进学生参与体育运动、传播体育精神，他们将在这种体育氛围的熏陶下发挥自我创造性，自主地融入体育世界里，从而实现高校教书育人的目的，同时深化了以人为本和终身体育的思想的灌输。

（二）高校体育文化教育对终身体育的形成和发展具有促进作用

终身体育体现了体育素质教育的核心思想，使学生在学习敏感期和世界观形成期间，接受体育思想、继承健身文化是体育教育的主要任务。我国的教育应该积极倡导终身体育的理念。体育文化教育是高校教育的重要组成部分，学生终身体育理念的基础来自高校体育文化教育。培养学生的运动兴趣和运动习惯，以及参与体育运动的意识是有助于学生的自主学习和终身坚持锻炼的前提条件。高校体育文化教育培养和发展学生学习的主体积极性和从事体育活动的能力，是让他们在学校阶段就能够掌握"一技之长"，养成终身体育锻炼的习惯和具有终身体育锻炼的意识，充分认识体育的价值，即体育无处不在，能给自身的生活带来无穷无尽的快乐。高校通过体育文化教育为学生创造了一种健康向上的文化氛围，使他们置身于一定的体育环境之中，对他们的终身体育意识、体育习惯和体育能力起到潜移默化的培养和发展作用。

三、高校体育文化教育的路径

"身体的教育"是我国几十年来高校体育课程的基本性质，为的是增强学生的体质。但是，随着人们对体育教育认识的不断深入，高校体育课程的性质应该体现出广义的文化教育。新时期，高校体育教育应该从身体教育转向文化教育。体育文化的传播就是大力弘扬符合社会发展的人文精神。高校体育文化是维系学校团体的一种精神力量，在培育校园精神、促进精神文明建设、营造高校人文气息和人文氛围中起到了极其重要的作用。因此，我们要利用好体育文化资源，秉持着以人为本的理念，鼓励广大学生积极参与高校体育文化活动，让他们充分地了解社会、接触社会，培养他们的团结协作、顽强拼搏、勇于进取、尊重事实、崇尚理性的意志品质和思维意识，使素质教育真正地在高校得以落实和发展。

（一）体育文化教育应该和校园体育文化结合起来

校园体育文化是体育文化的一种亚文化形态，指的是在校园环境中，以学生为主体，教师为主导，以促进学生身心全面发展为目标，身体练习为手段，各类体育知识为主要内容的物质和精神成果的总和。[1]校园体育文化的教育形式是丰富多彩的，是任何其他的教育方法无法取代的。校园体育文化除了能够使学生自

① 于华.试论我国校园体育文化[J].体育科技，2016(01)：34-36.

主锻炼的热情被激发起来，还能够促进他们的个性发展，使他们的独立性、自主性、创造性，以及良好的道德品质和道德风尚得到培养，在体育锻炼的过程中体验体育给他们带来的超越感、集体感、成就感，不断提高感受美、欣赏美、创造美的能力，塑造美的人格和心灵。校园体育文化的教育功能比较强大，它同我们平时的体育教学过程有着很大的区别。校园体育文化并不通过强制性的手段让学生接受体育教育，而是让他们在一种体育文化的氛围中体验体育的魅力，对体育知识和体育技能进行宣传，使周围的同学感染到他们的快乐和进步，并激发他们积极参与体育活动的意识。苏联著名的教育实践家和教育理论家 Homlinsky（霍姆林斯基）曾经说过："用环境，用学生创造的周围环境，用丰富的集体精神生活的一切东西进行教育，这是教育过程中一个微妙领域。"校园体育文化这种环境文化能够在潜移默化中对学生进行体育文化教育，深刻地理解体育，提高对体育的认知，将养成体育锻炼的习惯付诸行动，促使他们终身体育锻炼意识的形成与培养。

（二）体育文化教育在课堂教学中的体现

我国高校体育教学一直秉持西方体育文化为主导的竞技体育理念，即追求"更高、更快、更强"，倡导个性自由，崇尚个人竞争，主张通过身体运动增强体质，以促进身体的健康，强调塑造外形，缺乏意识的培养，忽视对学生爱国主义教育和思想品德教育，有时则流于形式，无法激起学生的学习兴趣。高校体育教学应注重学生体育文化教育，把体育文化看作一种思维方式、行为方式、生活方式教给学生，培养他们的体育意识，树立起正确的体育观。例如，笔者在教授学生传统武术的课堂上经常通过讲解武术的基本动作提高学生的身体素质和机体运动能力，通过对演练和领悟武术套路提高他们的智力。学生通过学习武术的基本动作和套路、在练习和体悟中不断促进自身智力的发展，使获取和掌握知识的能力得到提高，在感受我国传统文化的同时，提升了科学文化素质。高校体育教师作为大学校园体育文化教育的组织者和指导者，在增强学生体质的同时，还应考虑道德精神的注入，有意识地引导学生崇尚审美，逐步提升体育文化素养。

(三)体育文化教育在课外体育活动中的体现

随着社会的发展，体育已经进入了现代人的生活，成为我们文化生活一个不可或缺的部分。作为高校体育文化参与的主体——大学生，处于最活跃又最富有朝气的青年时期，具有较高的文化层次。他们有丰富的想象力和较高的鉴赏力，同时又有较高的自我表现能力和强烈的表现愿望。因此，在学生进行课外体育活动的时候，要有专业的体育教师对他们进行指导，使学生了解自己从事运动项目的技术特点和相关的体育知识。课外体育活动不同于课堂体育教学，强调的是学生在自由的情境中从事体育活动，领略运动带来的身心俱佳的体验。

体育文化对人的根本影响既看得见，又看不见。看得见的是体育文化的内容利于形式的不断变革、充实和发展，给人们的直接"作用力"的影响。看不见的是体育文化能够潜移默化地渗入人们的思想和思维理念当中，从而固化和规范人们的行为。因此，要把体育文化教育同校园体育文化有机地结合，在课堂体育教学和课外体育活动中进行体育文化教育，把体育文化教育作为高校体育教育的根本，以适应新时期"大教育"体系的需要，真正为培养适应现代社会生活的人服务。

第二节 高校体育文化教育如何做到"三位一体"

新时期，如何让高校体育教育培养出具有全新体育理念的学生，使他们自主地将体育作为一种享受健康生活、愉悦身心、获得发展机遇的重要手段，是我国高校体育教育的重要使命。从高校体育教育的实践来看，"学科教育为中心"的误区仍然存在于体育教育的目标，无法满足新时期的需求。[①] 将体育文化教育作为高校体育教育的主要目标是解决这一问题的关键所在。几十年以来，高校体育文化都是一种自由接受的教育，学生在接受教育的过程中从自我完善的角度去试着发现体育文化的相关内容，他们的主观努力程度决定了高校体育文化教育效果的好坏。环境的构筑是这种教育的关注点，教育者创设的体育文化环境中学生进行自主学习，是非善恶的判断能力和行为选择能力的提高完全是学生在自主活动中获得的，有利于体育精神的自觉增强，但是目标不够明确、方法不够系统，使体育教育不具有规范性，很难对学生的体育文化素养进行提升。要想规范体育教育，其根本在于将体育文化作为体育教育的本体，对过程结构和方法体系加以明晰。本节中，笔者将试着从高校体育文化教育模式构建的意义开始，围绕理念目标、内容形式、过程方法、管理评价等，构建"教""悟""用"为一体的高校体育文化教育模式，使其渗透整个校园文化，不断增强学生的身体素质、锻炼他们顽强的意志品质、提升他们的综合素养，使他们成为适应时代需求的全面发展的人，同时完善高校体育文化教育。

[①]程远义，杨爱华，张英.文化强国战略下高校体育文化建设新思考[J].沈阳体育学院学报，2016(06)：47-49.

一、研究方法

(一)文献资料法

笔者通过登录知网、读秀、万方、维普等国内知名论文网站,查阅了最近5年与我国高校体育文化建设和传播相关的论文近70多篇;登录了国家、多个省市图书馆的网站,阅读了与高校体育文化有关的大量专著,并到笔者所在地区的省市图书馆借阅了相关内容的书籍;调取了全国60多所各级各类本专科院校的体育文化建设成果或体育文化活动的实施方案。

(二)专家、学者访谈法

笔者拜访多位长期从事高校体育教育的专家、学者及教学一线的教授,与他们近距离地探讨我国高校体育文化教育有哪些实际问题,以及产生这些问题的原因,同时就如何开展核心问题的研究及全新的高校体育文化教育模式的建构做出了咨询。

(三)问卷、网络调查法

笔者在对学生进行纸质或网络问卷调查之前,多次与专家、学者、教授和同事进行了讨论,并最终确定了问卷的内容。此次问卷以高校体育文化教育的现状和体育教育的需求为中心,涉及获悉体育文化的内容、渠道、方法,参与体育文化活动的种类、频次、兴趣,学校对体育文化活动的管理、布局、考核等内容,同时征求了笔者参与建设的体育文化教育平台的运行情况。在进行调查之前,笔者邀请国内10余位体育教育专家对问卷的内容做出效度检验,有9位专家认为本次问卷的效度合理,4位专家认为本次问卷效度很合理。通过抽样选取的方法,有322名学生对本次问卷做出了信度检验,信度系数是0.89($p < 0.01$)。采用随机分层抽样的办法,笔者选取了不同地域的20余所教育水平

不同的学校学生，他们性别不同，并且来自不同的年级，一共是3129人作为本次调研的调查对象。笔者一共发出去1600份纸质问卷，其他调查者则通过网络进行问卷调查，回收2934份（含网络调查问卷），回收率为94%，有效问卷为2637份，有效回收率为90%。

专家问卷调查中，笔者查询相关文献、与同事反复讨论修订，针对高校体育文化教育模式的核心要素和构建内容，形成了初步的问卷。通过走访、学术会议面谈、信函电话等方式，就要素选择、开放式问卷涉及的内容进行了意见的征询，最终形成专家问卷调查表。采用特尔斐法在选定的专家中进行问卷调查，经过反复几轮，使专家意见趋于一致。问卷分为权重打分和开放式的意见修正两种，主要是对理论模型的核心要素进行筛选，对模式构建的科学性、可行性进行意见征询，各要素按照"重要""较重要""一般""较不重要""不重要"分别赋予分值为9、7、5、3、1进行权重打分，通过专家"意见集中度"和"意见协调度"这两个维度来分析要素的重要程度，并结合开放式问卷意见，得出最终的结果。

（四）数理统计法

以上实测完毕后，进行资料整理分类，对所需要的数据做了编码、录入以及分析工作，所有数据均采用SPSS16.0统计软件包处理。

二、构建高校体育文化教育模式的意义

（一）高校体育文化传承和发展的需要

高校体育文化的空间基础是高校的校园，它是高校师生所采取的体育精神、实践活动方式以及创造出的体育精神和物质成果

的总和。高校教育、学校体育、体育文化等一直把高校体育文化作为它们的重点研究对象。笔者通过分析和总结国内研究者的研究成果发现，他们的研究主要集中在两个方面，即高校体育文化的功能和价值及高校体育文化的建设和传承。尽管研究者研究问题的视角有所不同，采用的维度也不同，但是他们都证明了在高校教育中高校体育文化是无法替代的，从理论和实践指导的层面促进了高校体育文化的传承和发展。文化的形成需要很长时间的积淀，而它的传播则需要适宜的环境和稳定的机制。2012 年 3 月 24 日，由上海交大牵头，全国 20 多所百年高校参与的《百年名校校园体育文化传承与发展研究》编写筹备会在交大徐汇校区老图书馆举行。这表明在新的时代背景下，高校教育越来越重视体育文化教育，怎样把良好的传播方式延续下去，构建稳定的传承模式依旧是研究者们需要不断进行深入探究的问题。笔者通过调查问卷对高校体育文化育人的现状进行了调查。调查结果显示，86.7% 的学生对体育文化活动的种类不满意，93% 的学生对体育文化信息不满意，75% 的学生对硬件设施不满意。高校体育文化教育模式的构建是基于分析和把握高校体育教育的特点和育人方式的独特性，根据高校体育文化教育的现实需求，研究教育的过程方法，是高校体育文化传承和发展的永恒需要。

（二）促进学生自主运动的急迫需要

根据有关研究，从大学生 4a 体质健康测试总成绩来看，2 年级成绩最好，3、4 年级逐年下降，呈现出曲线变化。在"肥胖与超重"这一项中，3、4 年级的人数逐渐递增；"肺活量与台阶"这一项的成绩中，3、4 年级逐渐下降；"握力与立定跳远"4a 成绩反差均大，上下肢力量不均衡体现明显。[1]对照上述现象，笔者对大学生参与体育运动的状况做了一项调查，统计结果如下：经常参加体育锻炼的学生只有32.5%，偶尔参加的学生有45.7%，很少或从不参加的学生有21.8%。体育这项活动以实践为主，它的主要手段是运动参与。要想实现学生的自主运动需要多方面的共同努力，而理想运动效果的达成需要体育教师激发学生的兴趣，使他们形成稳定的运动爱好。我国古代著名的教育家孔子曾经说过："知之者不如好之者，好之者不如乐之者。"自主运动同学生的兴趣、动机等有着密切的关系。高校体育文化教育对学生非智力因素的发展具有促进作用，可以增强他们体育锻炼的动机、兴趣、意志，提高他们体育锻炼的动力。

（三）改善学生的体育精神和行为剥离的现实需要

高校体育文化教育是一种促进大学生心理健康的重要手段，也是一种具有深刻内涵和外延的独特文化现象，它能积极影响大学生的心理活动方式和满足现代大学生越来越强烈的心理需求及精神向往，[2]它所形成的顽强拼搏、挑战征服、冒险探索的英雄主义体育精神，自由民主、诚实守信、科学高效的公平竞争体育精神，团结友爱、尊重理解、齐心协作的人本体育精神等，都是大学文化的重要组成部分。[3]高校体育文化只有把体育精神文化加以吸收并进行内化，表现为长久的行为，才能把高校体育的育人成效显现出来。笔者通过分析调查得出这样一个结论：47.3%的学生有时参加体育人文活动，13.2%的学生很少或者从来都不参

① 杨玲，王伟明，戴绍斌."三自主"选课下大学生体质状况与干预策略研究[J].湖北体育科技，2017(01)：59-61.
② 秦勇.力效和谐：高校体育文化与大学生心理健康[J].南京体育学院学报，2019(04)：123-125.
③ 朱振涛.论高校校园体育文化特点及大学生人格培养[J].科技信息，2016(32)：55-58.

加体育人文活动，86.3% 的学生所在的院系还没有把体育文化教育纳入综合素质的评价当中。高校体育文化教育模式从理念目标、组织形式、内容方法、管理评价等进行整体设计，将目前自由接受式的教育具体化、程序化，为体育精神的认识、领悟、内化提供结构方式和运行程序，较大程度地改善了体育精神和行为剥离状况。

（四）实现体育课程多元化目标的教学需要

体育除了可以增强学生的体质，还可以健全他们的人格。自改革开放以来，我国高校体育就围绕着体育，甚至是对健康的认识，从之前单一的生物观逐渐向生物、心理、社会的三维体育观转变。教育部在 2002 年颁发的《全国普通高等学校体育课程教学指导纲要》明晰了高校体育课的性质，即促进身心和谐发展、思想品德教育、文化科学教育、生活与体育技能教育与身体活动予以有机结合的教育过程，[①] 同时明确提出高校体育要实施"自主选择教师、自主选择时间、自主选择内容"，旨在创设宽松的学习氛围，通过自主学习，满足兴趣、培养特长、发展个性、提高素养，实现多元化课程目标。回望近 20 年的高校体育教学改革，虽然自主学习满足了学生学习体育的兴趣、培养了他们的个性，但是学生体育素养与体质仍然存在问题，尤其是施以的人本关怀——"自主"，滋生了一批选课"避重就轻""择善而从"等现象。[②] 笔者在调查中发现，目前大部分高校的体育教育比较重视体育理念的渗透，而将体育人文教育和体育技能教育在体育课程中结合起来的高校则比较少。教师在对学生进行体育文化教育的

---

①全国普通高等学校体育课程指导纲要 [S]. 教育部，2002.
②杨玲. 大学体育选项课实施效果的影响因素 [J]. 武汉体育学院学报，2017
（08）：76-79.

过程中，要在教授体育知识、体育技能的同时，有意识地向他们传播体育理念、体育精神，使他们树立正确的体育观，更好地融入体育的精神世界，让他们在浓厚的体育文化氛围中体验体育的魅力，以实现高校体育课程多元化的目标。

三、高校体育文化"三位一体"教育模式的构架与内核

我们所说的模式指的就是用来解决某类问题的方法论，总结解决某类问题的方法，并将其上升到理论的高度，从而形成稳定的过程结构和方法体系。模式、结构、功能这三者之间有着密切的关系，要想对高校体育文化教育的模式进行构建，我们得先弄清楚高校体育文化教育的要素和特点。高校体育文化是发生在高校范围内和体育相关的一种文化现象，有广义和狭义之分。广义的高校体育文化包括体育精神、体育制度、体育物质等，而狭义的高校体育文化指的是高校教师和学生的体育观念、体育意识等。高校体育文化教育把上述提到的体育文化现象当作载体，以促进学生非智力因素的健康发展，比如道德、情意、规范等。高校体育文化教育是一个由多种要素构成的，且彼此作用、彼此联系的完整系统。它的基本要素主要包括：物质教育环境、制度教育环境、行为教育环境、教育内容显性与隐性教育载体、教师和学生。在高校体育文化教育中，教育主体借助显性载体（体育课、体育课外活动、体育运动竞赛、体育建筑标识、体育场馆设施、体育信息资讯等），以及隐性载体（高校体育传统、师生的体育热情、体育教师的人格魅力、典型体育人物引领等）获悉教育内容，这既是体育文化教育区别于体育技能教育的显著标志，也是高校

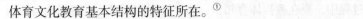

体育文化教育基本结构的特征所在。①

（一）高校体育文化教育模式是如何提出的及进行的修正

笔者阅读了大量的文献资料，并基于前人的研究成果，同时结合高校体育文化教育的含义和特点，考虑到目前高校体育文化教育的现实需求，初步提出了高校体育文化教育理论模型的构成要素，即教师引导、实践体验、人文学习、环境熏陶、内化提高。在此，笔者对设计思路做以阐述：力图构建以教育过程为横向结构、教育阶段为纵向结构的立体的教育模式，其中教育过程包括了教师引导、运动体验、环境熏陶、人文学习、内化提高等；教育阶段有认知摄取阶段、吸收转换阶段、运用实践阶段等。笔者采用特尔斐法选定了一组专家，他们对构成要素和模式构想做出指标筛选和意见反馈，问卷分为要素权重打分和开放式意见修正两种。问卷设计按照"重要""较重要""一般""较不重要""不重要"分别赋分9、7、5、3、1，各要素所得分值的算术平均值表示专家"意见密集度"，各要素所得分值的变异系数表示专家的"意见协调度"，变异系数和要素的协调程度成正相关，即变异系数越小，则要素的协调程度越高；反之亦然。笔者通过分析每个指标的算术平均值获得专家意见集中度，通过分析指标的变异系数获得专家意见密集度，通过SPSS16.0统计软件处理得出算术平均值和变异系数。

---

① 杨玲，韩双双.高校体育文化教育的特征与要素分析[J].中国学校体育（高等教育），2020(08)：25.

表1–1　高校体育文化教育模式构成要素的意见集中度和意见协调度
　　　　一览表

要　素	意见集中度 （算术平均值）	意见协调度 （变异系数）
教师引导	8.23	0.1782
实践体验	8.67	0.0634
人文学习	6.32	0.1856
环境熏陶	8.53	0.1265
内化提高	6.77	0.2853

　　在高校体育文化教育模式构成要素的意见集中度和意见协调度一览表中，教师引导、实践体验、环境熏陶的意见集中度的数值都大于8.00，并且它们的变异系数小，表明专家意见一致；内化提高的专家意见集中度为6.77，数值并不是很高，但是它的变异系数比较大，这表明专家意见产生了很大的分歧，因此需要暂时保留；人文学习专家意见集中度的数值比较低，并且它的变异系数也很小，这表明专家意见是比较一致的，因此可以将其做删除处理。笔者在进行专家意见征询的时候，获得了两个方面的意见。首先，有位专家认为内化提高不是高校体育文化教育的过程之一，而其他的专家则认为"内化提高"是体育文化素养提升中不可或缺的环节。经过多次的意见征询，专家们达成了共识。虽然内化提升并不是教育过程，但是高校体育文化教育的每个形成过程最后都要经历"内化提高"阶段，因此在理论模型中，内化提升应该作为一个独立存在的阶段。其次，从本质上看，教师引导、实践体验、环境熏陶是体育文化获取的过程，这三个要素彼此影响、促进，不分先后。与一般学科的教和学比起来，高校体育文化教育是一种文化传播，尽管学生通过不同的形式对其进

行吸纳，但是它对学生的影响是没有先后差别的，应该是循环式的渐入。笔者在综合考虑专家意见以后，修正了高校体育文化教育模式的核心要素，对教师引导、实践体验、环境熏陶、内化提高这四个要素进行了保留，通过对其性质的分析，梳理出什么是过程要素、阶段要素，同时将文化传播的特点考虑进来，形成了以体育文化获取过程为横向结构、以获取阶段为纵向结构的立体式高校体育文化教育模式。由于笔者研究的重点是教育过程，所以以过程要素为圆点，提出了教师引导、实践体验、环境熏陶为一体的"三位一体"高校体育文化教育模式。

（二）高校体育文化教育模式的基本构架

同传统意义上的高校体育文化教育隐性的单一传播模式比起来，教师引导、实践体验、环境熏陶为一体的高校体育文化教育模式将显性教育和隐性教育结合起来，基于教师言传、身教的引导教授，重在学生参与并体验肢体运动和体育人文活动，依托高校体育环境的熏陶，以认知感受为起点，使学生对体育精神、体育道德、体育规范进行深入的领悟并践行它们，在教育环节中融入"教""悟""用"，形成一个系统性、全方位的教育过程。横向上，高校体育文化教育模式遵循体育文化教育过程的特点；纵向上，它遵循体育文化传播阶段的规律，既重视精神教育，又重视行为教育，有着很强的针对性，很好地适合了高校体育文化教育的实施。（图1-1）

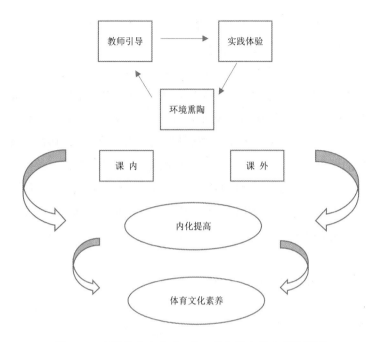

图1-1　高校体育文化"三位一体"教育模式理论模型

(三)高校体育文化教育模式的内核

无论是哪一种教育教学模式,它都要建立在一定的教育理论、教育思想、心理学理论的基础之上,高校体育文化"三位一体"教育模式的四要素,即教师的传导、主体作用的发挥、实践能力的提升、习惯行为的养成无不根植于相应的教育理论,同时与高校体育文化传播的实践经验相结合,将学生在不同阶段的学习需求纳入进来,使高校体育文化教育呈现出多层次、境界化、开放型的特点。

1. 教师引导——直接教育和间接教育相结合，改变过去单一隐性的高校体育文化传播模式

高校体育文化教育注重学生个性中情意的形成，这需要一个由"知"到"学"，由"学"到"行"的过程。以瑞士教育家 Jean Piaget（让·皮亚杰）为代表的经典认知主义认为，知识不是来自物体本身，而是来自主体在对客体所施加的各种动作的协调中收集的信息，认知过程就是主客体之间相互作用的过程。"教授引导"就是通过直接或间接的方式，通过外界信息刺激学生，使他们组织学习知觉，产生同化和顺应，实现顿悟。教师引导主要有两个层面的内容：

第一，理念认知上的"导"，激发学生的体育文化认同感，指引他们积极参加体育文化活动。在这个层面上，教师不仅仅要强化体育作为一种人文活动在促进人全面发展中的作用意义，还要向学生传递富有本校特色的体育理念，使他们对本校在长期形成和发展中所凝练并实施的体育精神及行为能够进行深刻的了解，形成共识。国内外的一些顶尖高校就很注重对学生体育理念的引导。例如，我国的清华大学从新生入学的第一天起就通过各种途径向学生们传播"每天锻炼一小时，幸福生活一辈子"的学校体育思想；耶鲁大学的体育理念是"人人参与，培养人才，凝聚共识"，哈佛大学的运动口号是"人人参与，赢得荣誉，创造历史，体学兼优"。它们都把传递体育理念作为提高师生体育认知的一种手段。

第二，运动实践中的"导"，实施"体育和文化并重"的体育课程教学和体育课外活动指导。在这个层面上，教师要充分地挖掘体育的文化内涵和感染力，在向学生传授体育知识、体育技能的同时，通过不同的方法，比如言传身教、暗示点拨，培养学生

的体育价值观念、意识情感、道德精神、行为风尚等，让他们感受到体育文化其实是一种思维、一种行为、一种生活方式，从而改变单一隐性的体育文化传播模式。

2.实践体验——课内教育和课外教育一体化，解决"知"和"行"脱节问题

在高校体育文化教育的过程中，个人的实践参与是教育目标实现的关键。[1] 美国著名的现代教育理论家 Dewey（杜威）认为，教育就是"生活""生长""经验改造"，社会生活实践中通过人和人的接触、相互影响、交流与改进经验，形成道德品质和获习知识技能，就是教育。高校体育文化教育的实践载体应该涵盖体育课程、课程外的体育文化活动、促进体育文化发展的所有现象，教育实践空间不仅在课内，也在课外，使两者成为一体，实现由学到知，再到习惯性行为的过程。课内外体育文化教育一体化的首要任务就是合理安排学科课程和体育活动的时间。目前，大部分高校都采取学分制，学生专业学习均为全天候选课，造成了体育课外活动没有保障，自主运动的学生大多只能分散进行，被动参与的学生大多就放弃了；其次，高校要组织丰富的体育文化活动，这些体育文化活动既要有运动体验类的，又要有运动观赏类的，既要有体育技能类的，又要有体育知识类的。例如，校园体育团体活动的组织、大型体育赛事、体育活动的观赏、单项运动竞赛、体育知识竞赛，等等；最后，高校要创新课外体育竞赛及人文活动设计，扩大学生体育人文活动的参与面，使每个学生都能受到体育文化的熏陶，改善"体育活动是精英参与的活动"这一现状。此外，高校体育文化与外界的交流频繁，是典型的开放系统，它

---

[1] 王道俊，郭文安.教育学[M].北京：人民教育出版社，2009（05）：167-179.

时刻反映着社会文化的变迁，并不断地吸收时尚文化因子，表现社会体育文化特征，[①] 可以通过参与社会体育活动的表演和展示、担当社会体育活动服务志愿者等拓展体育文化教育空间。

3. 环境熏陶——显性教育和隐性教育结合起来，强调知识的摄取和内化并进

高校体育文化教育的载体有显性和隐性两类，学生通过显性载体认识、体验体育文化，通过隐性载体感受、熏陶体育文化，虽然最初的接受方式不同，但最终达到的效果是一致的。[②] 加拿大的 Bandura (班图拉) 是经典行为主义的代表，他的观察学习理论认为，观察他人在一定环境中的行为，通过观察接受一定的强化，可以完成学习。高校体育文化教育以这一学习理论作为依据，将"环境熏陶"作为不可或缺环节，使学生在既有的认知行为之上学习新行为。这种环境熏陶包括高校体育传统与风气、师生的体育意识、教师的人格魅力、典型体育人物垂范等。高校体育传统与风气指的是高校为实现学校体育的目标，在长期集体奋斗中，养成并推崇的具有普遍性、重复性、稳定性的独特思想行为作风，它潜伏和弥漫在整个校园的各种环境因素与群体之中，具有巨大的、无形的教育力量，能使置身其中的广大学生在不知不觉中受到感染和熏陶。师生的体育热情，一方面具有较好的一致性目标、大众的舆论标准和真切的情感体验，容易产生心理共鸣；另一方面高涨的体育热情本身就是一种文化，它感染着校园中每一个人，这种感染力就是一种无形的教育载体。树立典型体育人物显现了高校体育观念与体育价值取向，榜样的力量是

---

①任莲香，虎晓东.试论高校校园体育文化教育的作用 [J].西北师范大学学报，2010(02)：111-115.
②姚蕾.认识体育隐蔽课程 [J].南京体育学院学报，2020(04)：1-8.

无穷的，优秀个体与团队勇于挑战拼搏、不畏艰难险阻、顽强的意志品质是校园体育文化外放的体现，由此形成的体育文化氛围对广大学生起着导向、矫正、垂范、激励作用。高校体育文化教育中，教师对知识的传授、行为的点拨，是帮助促进学生摄取知识，而真正产生质变的是知识内化过程中学生主体作用的发挥。内化是在摄入的知识中，认同的新思想与自己原有的观点、认同结合在一起，构成一个新的认知体系，且这种认知是持久的，并组成自己人格的一部分。要形成稳定的主体意识，就要从以下几个方面着手：

第一，积极参与体育活动，感受体育精神，主动去摄取搜集体育文化信息资料，对体育人文知识有深入的了解。

第二，把所感受的体育精神、积淀的体育人文知识和自己的认知相联系，加以思考、整合，形成新的认知体系。

第三，经过反复的体验熏陶，最终形成稳定的体育人文认知，并指导自己的日常行为。

四、高校体育文化"三位一体"教育模式的实施

目的性、方向性、计划性是学校教育的特点，高校体育文化教育作为学校教育的分支也应有自身明确的目标和方略，以便实施教育。本节笔者就高校体育文化的教育目标、教育内容、教育过程、教育方法、教育评价等进行探究。

（一）教育目标

高校的教育目标是传播先进的文化思想，培养全面发展的人。高校体育文化所蕴含的勇敢顽强的拼搏精神、规范有序的公平竞争精神及超越自我进取向上的精神，对于学生意志力的磨炼、竞争意识的培养、创新精神的养成、自信心的增强，对于学

生综合素质的提高，具有极大的促进作用。关于高校体育文化教育目标，前人研究立足教育的价值取向，主要定位在发展体育运动技能技术之外的情感、态度、意识等领域。[①] 参阅前人的研究成果，结合高校体育文化教育对人的精神境界、生活方式、人格修养等方面影响的持久性，以及高校体育文化教育和高校德育教育、心理教育、社会适应教育相互作用产生的辐射效果，笔者通过和专家、学者、教授们的反复商榷讨论，将高校体育文化教育目标定位在促进学生道德、情意、规范等非智力因素的发展，增强学生体育精神行为的主观能动性，提高学生的体育文化素养，继而健全人格，升华精神，提高社会适应能力。考虑到高校体育文化教育将学生由原来接受教育的对象转变为教育活动的主体，从而领悟体育文化内涵，最终践行体育精神，笔者将从两个方面来衡量高校体育文化教育的教学效果：一方面，学生的自我教育能力是否得到提高发展；另一方面，体育所蕴含的人文精神是否内化并渗透在社会生活中。

（二）教育内容

从文化学的领域来看，体育文化应该涵盖全部的体育行为活动，以及和它有关的能够促进体育发展的现象。按照这个范畴，高校体育文化教育涉及了体育理性文化和非理性文化的全部内容。考虑到内容体系过于庞大，在研究的过程中很难不产生重复和表浅，因此本书中的教育指的是体育理性文化，也就是运动技能以外的和体育精神、体育价值、体育规范等相关的非理性体育文化教育。笔者查阅了大量的文献资料、征询了专家的意见，并经历了多次修订，最终将教育的具体内容确定在以下三个方面：

①唐士敏，郭舰洋.普通高校体育文化教育的内涵与方式[J].体育世界(学术版)，2016(08)：25.

首先，以培养学生意志为目标的独立性、果断性、坚定性等品质教育，如顽强拼搏、挑战征服、果敢刚毅、沉着机智等；其次，以完善学生人格为目标的道德感、审美感、理智感等情操教育，如爱国情怀、民族精神、灵魂净化、情绪振奋等；最后，以规范学生行为为目标的思想准则、行为准则教育，如诚实守信、公平公正、团结协作、尊重理解等。

（三）教育过程

高校体育文化教育主要是发展学生的个性品质，是一种寓"教"于"行"的教学活动。高校体育文化教育以教育目标为导向，以形式多样的教育活动为载体，以在实践中接受教育为主要形式的实践教育活动，虽然它没有把运动技能教育涵盖其中，但是在隐藏的运动技能教育中，教育过程比技能教育更为复杂。笔者经过文献资料查阅、实地走访、专家问询调查后认为，高校体育文化教育主要包括体育课和体育课外活动及运动竞赛中的学习实践、体育人文活动中的认知体验、校园体育环境中的领悟内化等过程：1.体育课和课外活动中的教育就具有很强的依托性，教师需要在教授运动技术、组织教学活动及体育竞赛中施教，它可培养学生勇敢顽强、吃苦耐劳、克难奋进等思想作风，机智灵活、沉着果断、谦虚谨慎等意志品质，团结友爱、携手并进、服从大局等集体主义精神；2.体育人文环境教育是一种不自觉的教育，学生可通过体育教学和活动中教师所表现的外表气度、内在品格，感受体育风范、体育魅力，并受到潜移默化的影响，学生还可从体育课外活动和体育运动竞赛中，通过参与人群所表现的运动美和人文美，接收不同类别的教育信息。此外，一切和体育相关的现象，也是体育文化教育的过程，这些以体育建筑标识、体育场馆设施、体育信息资讯等显性方式或者体育规章制度、体育传统氛围、典型人物风貌等隐性方式存在的体育文化，是集体创造的体育文化物质及精神生活，是一种微妙的教育领域，是对体育文化学习的巩固、补充及提高。①

（四）教育方法

在高校体育文化教育中，学生对教育信息的接受既包括认识活动，又包括非认识活动，教育者对校本体育理念的灌输，以及体育课和体育课外活动中进行的教导点拨等对学生的影响是有形的，学生进行的是认识活动；教育者在教学及活动中的暗示、垂范、感染是无形的，学生进行的是认识与非认识结合的活动（有的学生领悟到了，有的学生还没有及时地领悟到，是一种潜移默化的影响），这种有明确认识的有形教育和无明确认识的无形教育融合在一起，形成了体育文化教育的基本方法。无论是有形教育，还是无形教育，它们都需要教师的"引"和"导"。有形教育需要通过适宜的媒体或者相应的载体，让学生得到体育情感精神方面的教育，获得更强烈的学习愿望、顽强的意志，而无形教育则需要教师以个体感染力、课堂环境氛围为基础，使学生感悟体育精神、体育情操、体育准则。笔者通过调研问卷发现，39.2%的学生认为目前少数体育教师的体育文化教育能力比较低，教育过程中教师的教育能力是调动学生主观能动性的关键，而教师的文化修养和综合素养又是体育文化教育能力构成的核心要素。

（五）教育平台

高校体育文化教育因本体的特殊性，呈现出的特点是"精神加工"过程，它依托于体育课堂、体育课外活动及一切促进体育发展的文化现象，教育要素多元化，教育内容抽象化，教育方

① 李康.基于 WSR 方法论的高校体育文化构建影响因素研究 [J]. 南京体育学院学报（自然科学版），2013(05): 88-92.

式多样化，教育环境复杂化。与此同时，高校体育文化教育又同高校德育教育、心理教育、社会适应教育相互作用，教育过程持久、影响效果长久，这些都要求高校体育文化教育应该有与其适应的教育平台。笔者经过查阅大量的文献，走访多位专家、学者后，认为应该将高校体育文化教育平台设计为四个类别，即"体育课堂平台""运动竞赛平台""人文活动平台""校园环境平台"。"体育课堂平台"突出教师引导、"运动竞赛平台"重在运动体验、"人文活动平台""校园环境平台"讲求学习内化、熏陶感染等。为了调查该设计方案在受教育人群中的认可度，笔者采取随机抽样法，在全国高校进行学生意见征询，结果表明非常赞同和比较赞同的学生占到了全部受调查学生人数的89.23%。笔者又结合高校体育文化教育的特点，按照教育的过程结构，对教育的实施进行了细化，明晰了四类平台的教育目标、教育方式、教育载体、管理单位等。（见表1-2）

表1-2 高校体育文化教育的实施

教育平台	教育目标	教育方式	教育载体	管理单位
体育课堂	寓体育文化教育于运动技能教育之中，通过言传、身教，使学生认识体育文化的内涵，继而实践体育精神	直接教育和间接教育结合起来，重在教师教导、点拨、暗示、垂范等	体育课	体育部
课外体育锻炼与运动竞赛	通过肢体运动、竞技参与，感受体育文化，实践体育精神	把直接教育和间接教育结合起来，突出学生主体实践	课外体育锻炼、体育竞赛等	院系 / 体育部

续　表

教育平台	教育目标	教育方式	教育载体	管理单位
体育人文活动	通过参加各类体育人文活动，积淀体育人文知识，领悟体育精神	显性和隐性教育结合起来，外界信息的输入和实践相融	体育人文讲坛、体育人文比赛、体育赛事观摩、体育宣传资讯等	学校/院系
校园体育环境	通过校园体育环境的熏陶、感染、培植体育精神、内化、提升体育素养	隐性教育为主，重在感悟内化	体育场馆设施、体育建筑标识、学校体育传统、师生体育热情及体育典范的行为举止等	学校

（六）管理评价

高校体育文化教育主要是通过影响学生的非智力因素来实现体育文化的教育价值的，教育管理中涉及载体构筑、平台打造、能力提升、制度完善等条件要素；学习评价中包含运动体验、环境熏陶、人文学习、内化提高等过程要素，以及意志品质、道德情操、行为准则等目标要素，[①]这些要素有的宏观，有的抽象，很难用统一的量化方式确定下来，管理评价以定性为主。调查表明，88.9%的学生所在院系未进行高校体育文化教育管理评价，而它又是整体教育构成中不可缺失的部分。高校体育文化教育的评价指标体系有待深入研究。

①徐伟，姚蕾．回到原点的思考：大学体育的人文教育规复问题[J].北京体育大学学报，2020(04)：99-108.

第三节　高校体育文化教育的保障机制

一、教育平台保障

要想实现教育目标，我们需要把教育平台作为主阵地。体育文化教育既是一种显性教育，也是一种隐性教育，体育课堂、体育课外活动、体育运动竞赛，以及一切能够促进体育发展的文化现象都是体育文化教育的载体，它有着极其广泛的覆盖面。因此，高校应该建设科学、合理、可操作强的教育平台，使其在体育文化教育的全过程起到积极的作用。高校教育平台的建设是教育保障机制的核心环节。

二、策略方法保障

不管我们使用什么形式的教育，教育效果始终受到策略方法的影响。由于高校的所有体育文化现象都是高校体育文化教育的载体，可以说高校体育文化教育有着丰富的资源，怎样才能够把这些蕴含物质性、带有人文意蕴、充满精神导向的资源应用在体育文化教育的实践中，需要教育者对策略途径和形式手段进行细致的选择。长久以来，高校体育文化是一种自由接受式教育，既无教育过程管理，也无教育效果评价，学生在教育者构筑的体育文化环境中自主学习，自主发现体育文化内容，自我完善体育文化素养，教育成效主要取决于主观努力的程度。[①] 尽管通过这样的教育有利于体育精神的自省，但是它没有很强的规范性，对于大面积提高学生的体育文化素养存在一定的弊端。因此，我们

---

① 李志义. 高校体育文化提升大学生心理资本的理论构想 [J]. 黑龙江高教研究，2020(03)：96-98.

只有对高校体育文化教育的策略方法加以明确，使其具有稳定的过程结构和方法体系，才能够对高校体育文化教育加以规范，使学生在发现和吸纳体育文化内容的过程中少一些困惑，指明学生自我完善的方向，为他们提供应有的保障。

三、人文环境保障

人文环境是社会本体中隐藏的无形环境，是一种潜移默化的民族灵魂，它不仅能够体现群体的文化积淀，而且还能产生无形的教育影响。[①] 在高校体育文化教育的保障机制中，人文环境保障要比物质条件保障重要得多，我们由此可以看出人文环境保障的隐性价值。高校是师生共同组建的一个小群体，高校体育人文环境是高校师生共同创造的一种特定的体育精神环境和体育文化氛围，包括体育传统、体育氛围、人际关系等，它对人的心理有辐射作用，在意识及行为层面上规范着全体师生。[②] 第一，在长期的发展中，各高校创造了丰富多彩的校园体育文化，这些校园体育文化以观念的形态被移植到学生的大脑里，构成了高校体育文化教育的核心内容；第二，人和人的交往始终伴随着体育人文实践活动，学生经常会受到他人的思想、言论、行动的影响；第三，个体意识会直接或者间接地受到高校群体体育意识形态的影响，是学生体育素养形成的重要来源，人文环境在体育文化教育中可以产生强大的精神动力，发挥着内在的教育作用。

---

① 王俊平. 我国当代大学体育"文化本文"思想之研究 [J]. 当代体育科技，2013(04)：124-125.
② 杨艳，王向红. 高校体育文化建设的困境与出路 [J]. 体育文化导刊，2019(12)：86-89.

四、物质条件保障

作为高校体育文化教育能够正常开展的基础保障，物质条件是必不可少的。在体育文化实践活动中，好的、新奇的体育器材能够使学生获得满足感，激发他们对运动的兴趣。与此同时，体育物质本身所具有的质性既能够影响运动参与的感觉和效果，而且对自身的器物文化进行构筑，也能够对学生参与体育文化活动的热情和积极性产生影响。除体育运动所需要的场地设施之外，还包括校园体育环境中的体育建筑、雕塑、壁画等，以及体育文化教育所需要的图书、音像、资料等。体育建筑、雕塑、壁画等是高校体育活动的物理记忆符号，[①]它帮助学生更深层次地理解体育；图书音像资料和传媒资讯是体育文化教育的工具，对于受教育者认知水平的提高、体育文化知识的积淀，也有着自身独特的价值。

五、思想认知保障

体育是人类创造的一种文化现象，文化在传递的过程中，个体思想认知，以及群体的观点理念等意识领域，对文化传递中的思维方式、情感态度、行为表现有着不可忽视的作用，对教育实施力度有着本质的影响。[②]思想认知在高校体育文化教育分为三个层面：第一层面，受教育者的主体认知，包括受教育者的体育思想、意识、观念等，主体认知是参与主体表现出的某种意识形态；第二层面，教育者自身的文化修养、体育文化教育理念等，

---

① 李康. 基于 WSR 方法论的高校体育文化构建影响因素研究 [J]. 南京体育学院学报（自然科学版），2018(05)：89-91.
② 王智慧. 体育强国战略背景下体育文化实力的维度解析与提升路径研究 [J]. 体育与科学，2020(04)：30-31.

它被看作体育文化教育开展的源泉；第三层面，学校领导、管理人员对高校体育文化功能和作用的认识。基于"以人为本"理念，高校所建立起来的对体育健康持续发展具有促进作用的组织管理体系、良好的沟通渠道、和谐的人际关系、长效的工作机制等。作为主体在意识层面上进行的一种实践活动，体育文化教育一旦受到主动、有序的引导，便能够对学生产生积极有效的作用。

六、管理评价机制

从教育科学理论的角度来看，规范的教育需要在系统工程理念的指导下，统一规划、设计，并一体化运作，它的基础是系统内部的协调运作和整体联动，这样教育才能够良性地运行、有序地发展。相关研究表明，高校体育文化教育中的管理评价指的是通过组织协调教育队伍，充分发挥教育的人力、财力、物力等作用，建立合理的评价机制，使教育主客体的积极性被激发出来，高效率地实现教育目标的活动过程。由于高校体育文化教育的形式既有显性的，又有隐性的，无法系统地规范，给管理评价带来了困难，在一定程度上阻碍了教育的健康持续发展。因此，高校体育文化教育保障机制的根本是建立管理评价机制。

第二章 高校体育文化育人功能

第一节 高校体育文化育人的本质、特征和基础

步入新世纪以后，我国的高等教育已经由过去的"精英教育"走向了"大众教育"，各大高校将"育人"作为它们的核心工作。高校除了是引领和推动社会文化发展的阵地，还是新时期培养社会主义接班人和建设者的重要阵地。2015年中共中央印发的《关于进一步加强和改进新形势下高校宣传思想工作的意见》中明确提出，要"推动文化传承创新，建设具有中国特色、体现时代要求的大学文化"，"立足学生全面发展，努力构建全员全过程全方位育人格局，形成教书育人、实践育人、科研育人、管理育人、服务育人长效机制，增强学生社会责任感、创新精神和实践能力，全面落实立德树人根本任务，努力办好人民满意教育"。[①]

一、高校体育文化育人的本质

高校体育文化教育不仅是文化在体育行业中的一种特殊形态，也是文化在高校空间中的一种亚形态，是一种行业文化，一种校园文化，也是一种人类行为文化。高校体育文化既具有文化的本质属性，又具有体育的典型特征，还受到高校空间的限制。高校体育文化的本质内容表现为以下几个方面：

---

① 关于进一步加强和改进新形势下高校宣传思想工作的意见 [OL]. http: // news. hebust. edu. cn/llxx/wxzl/68529. htm, 2016-03-14.

第一，高校体育文化具备文化的本质特征，也就是具有"以文化人""以文育人""文治教化"的功能，引导人、培养人、塑造人、锻炼人是高校体育文化与生俱来的属性。

第二，高校体育文化发挥育人功能的基地是各大高校，高校体育文化发挥育人功能的主体和对象是学生。

第三，高校体育文化的本质载体是体育实践，没有体育实践，就无法成为体育文化，高校体育文化发挥不了育人功能。

第四，作为高校校园文化一个重要的组成部分，高校体育文化承担着育体育心的功能。

体育是高校体育文化关注的中心。高校体育文化育人就是要以体育实践为中心，充分利用高校现有的体育物质资源，把高校教学和育人工作结合起来，通过进行体育教学活动、体育硬件建设、体育精神弘扬、体育制度规范，引导学生健康生活、合理学习、修德集能，砥砺师生的意志，努力促进学生身体素质和健康水平的提高，促进学生的全面发展，为我国的社会主义建设培养具有竞争力的人才。

二、高校体育文化育人的特征

(一) 规制性

一般来说，规制性指的是为了维护公共利益而设定条件以控制私人行为。高校体育文化育人的规制性指的是学生置身于高校体育文化的氛围中，被这种文化所感染、熏陶、教育，与此同时这种文化也会规范和制约他们的思想观念、价值判断、道德行为。体育精神是高校体育文化所倡导的，它不仅有竞争性，也有规制性，鼓励人们去竞争、去超越的同时，也要求人们遵守规则、尊重对手、公平比赛，还要求人们发挥团队协作的功能，并且甘心为团队奉献。它们都是典型的规制性特征。当然，高校体育文化的规制性除了严格的限制和消极的禁止，还有积极的促进和乐观的鼓励。高校体育文化的规制性特征要求人们遵守规则、尊重法制。体育运动讲求公平竞赛、公正裁判，"更高、更快、更强"是人类永恒的体育精神，从中体现出体育精神文化的内涵和魅力。在这种文化的熏陶之下，大学生很容易就树立起崇高的理想、培养出积极的情感，形成正确的认知和良好的行为习惯。通过不断完善规章制度，高校体育制度文化对学生的行为加以规范。在高校体育制度文化的约束下，学生的体育行为得到了规范，共同的行为规范和道德规则得以形成，优良的精神文化传统得以传承，个体的体育行为和日常行为受到影响和规范。与此同时，高校结合校园德育教育，通过道德认知、道德情感的培育把道德教育和法制教育中的道德原则、道德标准逐渐内化为个体的道德意志和道德行为，使它们成为学生行为的内部约束力，也就是内在规范。另外，高校体育物质文化中现代化体育场馆的使用规则，体育器材、用品的借还手续都可以用来规制学生的习惯和行为。

（二）隐蔽性

体育实践是高校体育文化的中心载体。高校通过建设现代化综合性的体育场馆、购置并创造新颖的健身器材和方法、利用融媒体等新技术宣传体育，都是为了提高学生的体育认知、培养他们的体育情感、锻炼他们的体育意志，让体育规则意识、运动精神、道德风尚等体育精神文化内化于他们的心里，最终让他们形成有利于自身发展和社会进步的体育价值观，强健他们的体魄、影响他们的行为、激励他们树立远大的理想，奋发图强，实现高校育人的目标。[①] 这正是高校体育文化教育同其他教育不同的培

①王湛卿. 高校校园体育文化建设研究 [D]. 湖北工业大学，2014：23-27.

养方式。教学、观察、感悟是大多数文化育人的方式达到对人进行教化的目的，通过视觉、听觉和大脑中枢神经系统的运作来实现知识的传递和能力的培养。而高校体育文化则是通过身体运动、动觉和小脑的参与来获得技能的提高和身心的协调来达到育人的目的的。高校体育文化并不在意能够给学生输入的信息量有多大，而是注重学生自身机能的自动化训练和培养，减少他人对自身的影响，强调自身的参与因素，这是它比其他文化育人形式更为隐蔽的地方。

（三）体验性

体育实践是高校体育文化的重心所在，强调的是学生的参与。体育能够通过身体的运动使有机体的器官变得更加强大、功能更加协调，同时神经系统能力得到发展，提高人们适应社会的能力。例如，人们可以通过体育锻炼增加肌肉的力量，提高神经系统的灵敏度和反应速度，提升骨骼的耐受度，增强身体器官的韧性和协调性，提高身体素质，提升适应力，促进身心健康。同时，适当的体育休闲、体育娱乐活动，比如跳舞、瑜伽、下棋等活动有助于消除疲劳、发展体能、愉悦身心、增强体质、增进健康和培养社会适应能力。拿我们熟悉的军训来说，通过一定量和强度的体育训练，可以锤炼学生的身体，让他们体验"劳体"的辛苦，锻炼他们吃苦耐劳的作风，培养他们艰苦奋斗的精神，帮助他们了解军人，增强国防意识，体验军人服从规则的集体主义原则和为国奉献的爱国主义精神，培养他们的责任感。体育场馆设备、图书器材、赛事活动、典礼仪式等物化于形、神化于行的体育文化也时时刻刻影响着学生的生活、思想、行为。而这些都得学生亲身参与，才会体验这中间的乐趣和好处，得到真正的体会和感悟。学生体验到体育的选择快乐、兴趣快乐、体感快乐，体验到体育文化的娱乐性、健身性，享受参与体育活动给他们带来的体感刺激和意外惊喜，以获得自身的全面发展。

（四）持久性

人类在长期的生存和发展中积淀起来文化这种具有延续性、持久性的财富。文化育人是一项有目的、有组织、有计划、耗时久的社会活动，因此我们可以说文化育人是一项伴随个体终身的活动，它的育人效果是终身的、不可逆的。大学文化的熏陶对每个上过大学的人的影响应该是终身的，大学校园里的每座建筑、每件重要的事情、每个标志性的人物都将在他们的记忆中留下不可磨灭的印象。这就是文化育人影响的持久性。作为社会文化和校园文化的分支，高校体育文化自然而然地具备了文化的本质特征，即传承性、延续性、持久性。尽管高校文化育人活动的部分内容传承和传播了科学文化知识，在人们的记忆中或许仅会留存点滴的印记，甚至被人们淡忘，但是高校体育文化育人的方式是以培养技能和形成行为习惯为主，学生掌握的技能和形成的习惯将会在他们长期的训练中得以延续。通过神经记忆，学生掌握的技能和养成的习惯以自动化反应方式内化于心，或者以身体组织的形态变化外化于形。[①]高校体育文化对学生精神意识的渗透、行为习惯的养成、身心状态的改变，有着深刻而持久的影响。

除了我们上面提到的规制性、隐蔽性、体验性，高校体育文化还有很多特征，比如体育的竞争性、文化的互动性、高校的教育性。

---

①高东.关于构建高校体育育人机制的思考与尝试[J].北京教育（德育），2015（03）：26-27.

三、高校体育文化育人的基础

（一）高校体育物质文化是高校体育文化育人的物质基础

高校体育物质文化是高校和体育有关的物质实体，以及体现出文化意蕴可感知的体育物质产品。例如，体育建筑及器材、体育标志和资讯、体育图书和宣传物等。因为这些物质产品不仅展示了人类对物质世界的掌握和改造，也体现了人类思想对自然环境的顺应和突破，更是人的意志、情操、价值观和客观世界的有机结合，其并不仅仅是物质产品本身，而且是体育文化在物质上的集中体现。这样的体育物质文化能引起大学生的运动兴趣，激发他们的参与热情，陶冶他们的运动情操，潜移默化地建构他们的高尚人格，是体育文化在高校发挥育人功能的物质基础和根本保障。高校体育物质文化的具体内容见表2-1。

表2-1　高校体育物质文化内容结构表

	经费投入和场地面积	人均体育经费
高校体育物质文化		人均体育场地面积
	体育标识	体育雕塑
		标志性体育建筑
	体育设施	体育设施布局
		体育场（馆）是否能满足师生锻炼的需求
	体育资讯	体育图书
		体育宣传栏
		体育广播

（二）高校体育精神文化是高校体育文化育人的精髓

高校体育精神文化是人们对高校体育的意识反映部分，是特定历史条件下在高校体育行为中体现出来的体育认知、体育情感、体育意志、体育价值观等，具体表现为体育规则意识、体育运动精神、体育道德风尚等。高校体育精神文化是社会体育精神文化在高校校园的集中反映，其形成时间比较长，一经渗透到校园文化中，就成为校园文化一个固定的组成部分，具备精神文化的特征，不易改变，能发挥精神文化的力量，影响高校师生的思想，规范他们的行为，特别是大学生体育观的形成，决定了他们的体育行为取向。与高校德育、智育、美育相结合的高校体育精神文化能更好地砥砺大学生的思想品质，激励他们奋发向上，是高校体育文化的核心和灵魂，[①]决定高校体育文化育人的目标，主导高校体育文化育人的方向，决定高校体育文化能否在高校体育育人活动中完整地发挥育人功能。高校体育制度文化的具体内容见表2-2。

表2-2　高校体育制度文化内容结构表

高校体育制度文化	组织领导	学校体育专人分管
		年度体育工作计划
		年度体育工作会议
		体育政策执行状况
	体育制度	体育管理实施办法
		体育教师奖励制度
		校园体育健身管理办法
		成文的体育课堂常规
		体育教师工作守则
		运动员守则

---

① 顾春先，何文涛，胡波．我国普通高校校园体育文化建设现状及对策[J]．成都体育学院学报，2015(08)：21.

续　表

		校园体育文明规范
		体育社团的规章制度
		公平竞赛制度
	校园体育传统	定期举行体育知识讲座
		定期举行体育知识竞赛
		高水平运动队

(三) 高校体育制度文化是高校体育文化育人的纽带

高校体育制度文化是高校开展体育活动的程序和规制体系，是高校在长期的体育育人活动中形成的以体育教学、体育竞赛和课余体育活动的组织、运作管理和队伍建设的机制和规范，是高校体育育人活动的组织形式。包括参与高校体育活动人员的组织和管理制度、涉及体育活动的财务管理制度、与体育相关的物质管理制度、体育事务开展的管理制度等，其中以体育教学的管理制度为主，以体育竞赛和课余体育活动的管理制度为辅。高校体育制度文化是保障学生合理享受高校体育物质文化，创造和创新高校体育精神文化的纽带，规范化、合理化、系统化的高校体育制度文化推进体育物质文化和高校育人活动的结合，产生健康的体育活动，营造良好的体育文化氛围，推动先进高校体育精神文化的发展和创新。高校体育精神文化的具体内容见表2-3。

表2-3　高校体育精神文化内容结构表

高校体育精神文化	体育导向机制	体育口号
		标志性体育人物
		体育标识
		体育文化价值理念
高校体育精神文化	体育价值观	体育观念
		体育锻炼价值取向
		体育道德观
	体育态度	体育教学环境所持态度
		参与体育锻炼的动机及态度
		体育运动精神体现

以上三方面体育文化的具体表现形式，以"精神文化为核心，物质文化为依托，制度文化为保障"，共同促进高校体育文化育人功能的发挥，是体育文化在高校发挥育人功能的支撑条件。三者在体育社团、体育协会等组织机构开展体育实践活动中互相促进、协同育人。

第二节　高校体育文化育人功能有何表现

一、健身强心功能

（一）健身功能

俗话说："生命在于运动。"古希腊著名的哲学家、科学家、教育家 Aristotle(亚里士多德) 早已经把运动看作生命存在的形式。目前，大学生的身心健康受到运动无处不在的影响。体育运动可以促进人体器官的生长，塑造人们的体型。第一，人体各器官通过参与体育运动能够得到一定的刺激，它们的组织结构和功能得以强化。人的皮肤、肌肉、骨骼、内脏、神经系统在获得适当体育锻炼之后，就会产生形态和功能上的改变，特别是骨骼和肌肉能够加快成长，起到美化体型的作用。第二，体育运动可以强化身体器官功能，使各方面的功能达到协调一致，以确保身体正常的运转。一个人的身体要想持久地健康下去，除了不断补充营养和器官的不断发育，身体各器官的健康运转，彼此之间的协调发展，才能保证身体的健康。在脑力劳动的同时配合适当的体育运动，这样我们身体的各种组织器官才能够达到协调。比如手眼协调能力、运动感觉、平衡感觉等的获得和强化都需要一定量的体育运动训练。第三，体育运动对人们的健康状态和工作效率有很大的影响。人们要想健康和获得高效的工作效率，除了健康的身体器官，各器官系统功能之间的协调运作也是极其重要的。大量的科学实验证明，适量的体育活动不仅能改善血液循环，提高呼吸功能，刺激中枢神经，调节内分泌系统运作，还能促进人体新陈代谢，推迟人体组织器官结构、功能退化，延缓衰老。大学生群体的课业负担比较重，平时运动有限，如果长期缺少肢体运动，身体很容易进入亚健康状态。高校育人质量已经受到了身体健康问题的极大困扰。因此，高校宣扬先进的体育文化，让大学生应该在学习之余，积极地参与各项体育活动，消除身体疲劳，增强他们的体质，从而提高身体各器官的协调能力和学习效率。

（二）强心功能

高校体育文化活动除了对学生的身体健康有促进作用，对他们的心理健康还有着很大的影响。第一，体育活动能够减轻学生的学习压力，对很多不良的情绪，如焦虑、抑郁、紧张能够起到缓解的作用。大量的科学研究表明，在剧烈运动状态下，人类会产生大量的增强兴奋感、安全感、幸福感的物质，比如多巴胺、肾上腺素、去甲肾上腺素。适度的体育运动可以缓解心理压力，在一定程度上可以减轻焦虑、抑郁、紧张等情绪。第二，适度的体育运动有助于人体适应自然环境，使人们产生好的心境和情绪。人们和自然进行密切接触的最佳时机就是参与体育活动，特别是户外体育活动。通常情况下，人们在进行户外体育活动的时候都能够呼吸到新鲜的空气，感受到大自然的美好风光，使人体产生良好的心境和情绪。生动活泼、健康文明、喜闻乐见的校园体育文化活动，能给参加者带来一定的审美愉悦，从而产生良好的心境和情绪。[①] 第三，参与体育比赛可以治愈脆弱的心理，培养坚定的意志品质，塑造良好的人格。奋力拼搏的竞技过程和起伏不定的竞争结果会对人体产生反复的刺激，对于缓解心理压力、提高抗压能力、平衡心理状态、促进身心和谐有很大的帮助作用。

二、激励导向功能

（一）激励功能

美国著名的心理学家 Maslow（马斯洛）认为，人的精神生活需要安全感、存在感、成就感的满足，而体育文化能够激励人们在社会生活中不断地奋发向上。第一，高校体育文化可以激发学生向上的动力，使其树立远大的目标，把他们潜在的能力激发出来。竞争性成分是高校体育文化的重要组成部分，包括超越自我、超越对手、超越极限等竞争与超越精神，这些精神能激发学生参与体育活动、竞赛比赛的动机，提高他们的体育兴趣和能

---

① 云学容.我国高校校园体育文化建设探析 [D].四川大学，2014：12.

力，帮助他们实现自己的远大目标。第二，高校体育文化的体验性体现了对学生参与体育活动的尊重，能够对他们产生激励作用。高校体育文化能够培养学生的团队意识，让他们学会甘心为集体团队奉献，彼此信任、相互勉励、互帮互助。高校体育文化提倡对任何参与者都要给予尊重，鼓励他们积极参与，维护他们的荣誉感，使他们能够尽情地享受团队活动带给他们的快乐。第三，高校体育文化的规制性突出对激励的尊重。高校体育文化的规制性要求每一位参与者都要遵守规则、尊重对手、公平比赛，这有利于培养学生尊重他人、公平竞争的意识，也为体育活动的公平竞争环境打下了良好的基础。大学生常常是在竞争环境下学习和生活的，对每一个高校文化育人活动的参与者给予尊重可以使他们获得成就感和尊重感，不断激发他们参与体育活动的意识，提高他们的向心力。高校体育文化所倡导的体育精神可以满足学生的精神需要，能够给予他们尊重感、成就感、归属感。在学校举行的各类运动会上，无论是靠相互合作的团队项目，还是展现个人魅力的个体项目，都充分体现了强烈的集体主义精神和拼搏进取的民族精神，这些精神能够不断地激发大学生的爱国情怀及为实现中华民族伟大复兴的使命感和责任感。高校体育文化通过平衡发展目标激励、尊重激励、参与激励实现了育人目标。

（二）导向功能

高校体育文化通过传播积极进取的价值观、热情参与的世界观、身心协同发展的健身观把学生引导到奋发进取、积极乐观的精神层面上，使他们远离低俗腐化、丑陋肮脏的思想内容和生活状态。随着高校大门对社会的敞开，近年来一些悲观、消极、不健康的观念悄悄地渗透到大学校园，而很多大学生由于还没有走出校园接触社会，在心智上还不够成熟，很容易受到外部因素的影响及别有用心之人的利用。因此，高校应该通过健康积极的文化来引导学生树立正确的价值观。高校体育文化中的积极进取、公平竞争、团结协作精神正是引导大学生树立正确的人生观、价值观、世界观，坚定中国特色社会主义理想信念的有效手段。高校体育活动中所体现出来的精神文化，如爱国爱家、互帮互助、尽职尽责，有利于培养学生的爱国主义精神、拼搏进取精神、社会责任感，能够为他们的人生指明前进的方向，帮助他们实现人生梦想。

三、规范德育功能

（一）规范功能

高校体育文化的规范功能指的是大学生在高校校园文化的感染、熏陶、教育下，他们的思想观念、价值判断、道德行为也会受到这种文化的规范和制约。虽然高校体育文化含有很多竞争性的成分，但是公平竞争精神仍是其基本原则，比如尊重对手、遵守规则、公平比赛。目前，在社会主义市场经济下，高校培养的人才都必须公平地参与市场竞争，因此培养学生公平竞争的意识是高校育人的重要内容。高校体育文化的规制性对学生提出了遵守规则、尊重法制的要求。通过规范学生的体育行为，高校体育制度文化使他们形成具有共同认知的行为规范和道德规则及优良的精神文化传统，以此来约束学生的日常行为。[1] 通过培养学生的道德认知和道德情感，校园文化中道德教育和法制教育部分的道德原则和道德标准逐渐内化为个体的道德意志和道德行为，以约束学生的行为，成为内在规范。作为校园制度文化的具体体

---

①徐伟.高校校园体育文化建设及其育人的内在机理分析[J].北京体育大学学报，2015(01)：94-99.

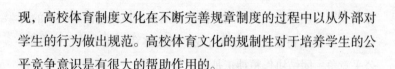

现，高校体育制度文化在不断完善规章制度的过程中以从外部对学生的行为做出规范。高校体育文化的规制性对于培养学生的公平竞争意识是有很大的帮助作用的。

（二）德育功能

通常情况下，对学生进行一些基本的公民道德教育、道德品质教育、道德理想教育及行为规范和文明习惯教育是高校德育课程的主要内容。道德实践是德育的关键，高校体育物质文化中有关如何使用体育场馆的规则、借还体育器械和体育用品的手续，无不对学生的行为规范和文明习惯进行着教育，著名体育人物的轶事在无形中也不断地激励着学生顽强拼搏、奋发图强。无论是公平竞赛的精神，还是公正裁判的精神，亦或是"更高、更快、更强"的奥林匹克精神，它们都体现了体育精神文化。正是在体育精神文化的熏陶之下，更容易使大学生树立起崇高的道德理想，培养他们高尚的道德情感，使他们形成正确的道德认知，强化坚定的道德意志，产生良好的道德行为，积极践行社会主义的道德原则和道德标准，养成优良的道德品质和个人作风。大学生在体育竞争精神的激励下胜不骄、败不馁，在"更高、更快、更强"的奥运精神的激励下超越对手并不断地挑战极限，磨砺出百折不挠、勇往直前、拼搏进取的坚强意志，从而形成良好的个人道德品质；体育的"公开、公正、公平"精神要求人们做事要"光明磊落"，通过正当的手段获取正当的利益，为将来大学生走向社会具有良好的职业道德打下坚实的基础；体育的团队精神要求人们不计个人得失，具有奉献精神，能够提升大学生的社会公德水平。

四、能力培养功能

目前，我国的高等教育已经进入大众化的阶段，大学可以充分地开发学生智力，培养他们的各种能力。高校体育文化能够很好地帮助学生保持身心健康的技能，完善他们的人格，促进个体的全面发展。第一，高校体育文化促进学生掌握保持身心健康的技能。通常情况下，学生在步入大学之前接受的教育都是以科学文化知识的传承和传播为主，他们所掌握的有关人类身心健康的知识及进行的技能训练都很少。只有当学生进入大学，他们才可以根据自己的兴趣发展自我，开始关注身心健康。作为大学文化育人的重要组成部分，高校体育文化育人通过体育教学和体育活动帮助学生掌握保持身心健康的科学知识和训练技能，为他们日后顺利地步入社会，迎接更大的挑战做好准备。第二，高校体育文化对学生社会性人格有促进作用。通过向学生传播高校体育文化的竞争性和公平竞赛的精神，能够让他们体会到参与和尊重的重要性，提高他们参与体育活动的意识和积极性；通过向学生传播高校体育文化的团队精神，对他们团队协作能力的培养有积极的作用，使他们建立日后融入社会的信心和能力。此外，高校体育教学和体育活动，以及体育文化育人的体验性需要学生积极地参与到活动中来，能够很好地培养他们的动手能力、执行能力、组织协调能力等。与此同时，高校体育文化的规制性让学生深刻地认识到社会规则是不能够随便逾越的，有利于他们对社会规则的理解和社会功能的履行，使他们的社会性人格得以发展和完善。第三，高校体育文化对学生的综合素养具有促进作用。大学生平时忙于学业，很少从事体力劳动，手脑协调能力有待提高。大学生往往有着较强的思维能力、表达能力、指导能力，但是他

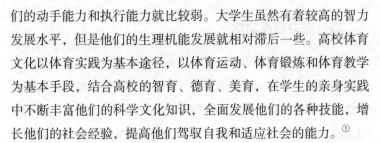

们的动手能力和执行能力就比较弱。大学生虽然有着较高的智力发展水平，但是他们的生理机能发展就相对滞后一些。高校体育文化以体育实践为基本途径，以体育运动、体育锻炼和体育教学为基本手段，结合高校的智育、德育、美育，在学生的亲身实践中不断丰富他们的科学文化知识，全面发展他们的各种技能，增长他们的社会经验，提高他们驾驭自我和适应社会的能力。[①]

一言以蔽之，同其他校园文化一起，高校体育文化在高校育人活动中起着锻炼人、塑造人、培养人等重要的育人功能。

第三节　如何发挥高校体育文化育人功能

一、制定高校体育文化育人目标

要发挥体育学科和体育文化在高校的育人功能，就要把体育文化包含的理念、价值贯彻到高校教书育人的全过程，教师要引导学生正确地认识体育、积极体验体育、合理评价体育、培养体育习惯。发挥体育文化的育人功能，高校要以体育为核心，在体育文化的引导、浸润下，加强国家意识、法治意识、社会责任意识教育，加强民族团结进步教育、国家安全教育、科学精神教育，以诚信建设为重点，加强社会公德、职业道德、家庭美德、个人品德教育，提升学生的道德素养。[②]制定高校体育文化育人目标，需要考虑如下四个问题：

①张洪江，王建兴．论竞技体育对学校体育的教书育人 [J].湖北体育科技，2011(02)：147-149.
②中共中央国务院印发《关于加强和改进新形势下高校思想政治工作的意见》[OL].http://www.gov.cn/zhengce/2017-02/27/content_5171481.htm, 2017-02-27.

第一个问题：要以什么样的文化育人。

现代体育以竞技和娱乐为主要体现形式，培养的是竞争精神、商业意识。目前，国内体育的举国体制也是以竞技体育为主的。虽然高校大力倡导大众体育、全民体育，我国的领导人也一直重视全民体育，但是高校的体育文化始终受到我国传统体育精神的影响，走养生体育路线，注重娱人自娱、健体养生，注重体育道德，讲究修身养性，有向养生体育文化、德育体育文化发展之势。因此，在高校发挥体育文化育人功能的时候，应该用什么样的体育文化来育人，是用大众体育文化呢，还是用专业体育文化？是用传统体育文化呢，还是用现代体育文化？是用社会传统体育文化呢，还是用先进体育文化？在育人之前，我们需要确定这些问题。

第二个问题：要育什么样的人。

高校是一个小社会，要发挥体育文化在高校的育人功能，需要弄清楚拿体育文化去育谁。是全体学生呢，还是个别学生？是育传统人呢，还是育现代人？

第三个问题：要育人的哪些方面。

我们都知道，体育能育体，但作为高校育人的基本手段之一，体育不仅能促进人身体机能的发展，在愉悦精神和提升社会化功能方面也有着很大的影响。因此，以体育文化育人是育人的身体方面呢，还是身心俱育？是培养"单向度"的人，还是培育全面发展的人？

第四个问题：体育和人的关系。

确立一个目标，以什么为导向很重要。例如，体育文化育人目标的制定需要弄清是体育为人，还是人为体育，是体育文化化人，还是人化体育文化。如果是体育为人，就把促进人的发展作为体育文化育人的目标；如果是人为体育，就会把集中力量发展体育作为目标。如果确立体育文化化人目标，就会把体育文化当作一种工具和手段，来促进人的发展；如果确立人化体育文化目标，就会在体育文化中加入人文化精神，以促进体育文化的发展。回答了以上问题，就能制定好高校体育文化育人的目标。

根据目前我国高校体育发展的实际情况，我们对以上问题的回答应该是：第一，高校体育文化育人要以具有民族特色的，"面向大众、面向世界、面向未来的"先进体育文化育人；第二，高校体育文化育人要育高校的所有人；第三，高校体育文化育人要育人的身体、心理、精神、个性、素质、社会化功能等方面，实现全方位的育人；第四，高校体育文化育人是体育为育人服务，以促进学生的超越和发展为目标，在育人活动中体现体育义化的价值，同时也发展体育义化。基于对上述四个问题的回答，我国高校体育文化育人的目标是：在高校建设民族的、大众的、开放的、可持续发展的先进体育文化，发挥先进体育文化的育人功能，以促进学生的身心健康、精神愉悦，以发展个性，培养能力，提高素质为途径来提升他们的社会功能，促进人的全面发展。

二、弘扬高校体育精神文化

高校体育精神文化是高校体育文化育人的核心和灵魂，它决定着高校体育文化能否在高校体育活动中完整地发挥育人功能，主导着高校体育文化育人的方向，决定着高校体育文化育人的目标。建设高校体育精神文化需要树立正确的体育观，把体育当作学生生活的一个重要组成部分。体育既是休闲娱乐、日常消费，也是竞争；既是健身的途径，也是个性形成的重要手段。体育锻炼既是一种健康、文明、科学的生活方式，也是获得身心健康的重要源泉。培养大学生良好的体育道德和体育行为习惯，增强他们的体育意识，使其树立终身体育观。在高校凝练和弘扬高尚的体育精神，比如奥运精神、女排精神，发掘其中的爱国主义精神、弘扬民族精神、提倡进取精神、推崇奉献精神、倡导参与精神和竞争精神、发扬开放精神和包容精神，提高学生的体育文化素养，促进高校体育文化充分发挥其育体育心、激励导向、规范德育功能。

三、建设高校体育物质文化

作为高校体育文化育人的物质基础，高校体育物质文化是体育文化的直接载体，是高校体育文化中可直接感知的部分，从根本上保障了体育文化在高校发挥育人功能。高校的体育场馆和体育器械，体育建筑和设施，可感知的视听觉材料都体现着大学人的价值观念、意志情操，只有加大经费投入，创造具有亲和力的校园体育物质文化环境，才能让学生对体育活动产生热情和冲动，增加兴趣，提升参与度，提高体育物质设施设备的利用率。特别在体育物质设施的建设过程中，高校应该特别注意整体性、层次性、民族性、大众性，既要充分体现一定的文化底蕴，又要照顾到学生的层次水平，既要激发他们参与体育活动，又要避免体育场馆、体育设施因文化氛围而令一部分人不能参与其中。

四、完善高校体育制度文化

高校体育制度文化是高校体育文化育人的制度保障，它如同一座桥梁将高校体育物质文化和体育精神文化联系起来，使两者共同发挥育人作用。一定的精神文化有赖于物质文化的支撑，但物质文化和精神文化的结合还需要一定的制度作为保障。体育制度的建设是一项长期的、探索性、创造性的工作。高校体育制度文化的建设需要贯彻落实各项体育法规，把体育工作法治化、规范化、程序化，改进管理理念和管理手段。这些制度不仅涉及体育教学，还涉及体育设施设备的建设和管理、体育人员的安排和管理、体育活动及竞赛的流程和执行、体育宣传的管理，以及其他体育事务的建设和管理。高校要把体育制度文化系统化，这样学生才能够更好地享受高校的体育物质文化，更积极地创造高校体育精神文化。在遵守规则，提高自我道德修养的同时，保障身心健康，享受自我，服务社会。此外，组建体育俱乐部，打造高校体育文化节等，也是高校体育文化育人功能发挥的重要途径。

第三章　体育运动在高校教育中的作用

第一节　立德树人教育的重要内容与手段

一、大学体育中的"立德树人"

（一）如何理解"德"

"德"是人们的一种价值规范，它代表着人们的价值观和价值取向。"立德"是为了批判和认同"真、善、美"。"立德树人"是我国教育实践的根本任务，就大学体育而言，"立德"究竟指什么呢？第一，我们需要对"德"的范畴和内涵做出界定。笔者认为，"德"有三个层次的范畴。第一层次是技能技巧。大学体育教育的目的就是让学生在大学阶段的体育学习中熟练地掌握一到两个运动项目。第二层次是行为规范。通过参与和体验体育运动，学生可以将学习到的运动项目规则用来约束自己的行动，既是对规则的践行，也是对"人"的行为规训的实现，即从项目文化中体悟生活中的"行为规范"。第三层次是价值判断。体育教育对学生进行规训，使他们在增强体质、增进健康的同时，建立"身体与健康、健康与民族、民族与国家、国家与强盛"的价值取向和价值判断。因此，从这个角度讲，"德"指的是实现民族强盛、国家富强。在大学体育教育实践的过程中，实施主体和执行客体都遵循着体育教育的发展规律，借助于丰富多彩的运动项目，对参与者的思想、身体、行为加以改造，使他们形成正确的价值观。那么，"立德"是怎样的一个过程呢？行为实践是"立"

所强调的，大学生要对社会、国家、他人做出贡献。"立德"的过程可以分为两个方面。一方面是主动"立德"，也就是"内化"的实践过程。通过对体育项目文化的学习，大学生能够明确自我价值取向、规范自身的行为、形成内在的价值判断。另一方面是被动"立德"，也就是"外化"的实践过程。大学体育通过学科建设、教师素养、仪式教育等形式潜移默化地影响着大学生的价值观和价值取向，从而实现道德品质的培育。

(二) 如何理解"人"

"人"是一个非常复杂而深刻的哲学命题。马克思把"人"定义为: mensch (人)、person (个人)、individuum (个体)。[①] "人""个人""个体"这三者之间的关系和它们同国家政治之间的关系，马克思从自然法中的"人"到具有"人格"的"个人"，再到国家的基础中市民社会的"个体"进行了全面的批判，并在《1857—1858年经济学手稿》中将"人"的历时发展分为三个阶段，即人格依附、人格独立、自由个性。如今，大学体育又该怎样体现"立德树人"这个我国教育实践的根本任务中的"树人"呢? "树人"最早出自《管子·权修》: "一年之计，莫如树谷; 十年之计，莫如树木; 终身之计，莫如树人。"有的学者认为"助益于人，使之成人"是"树人"的旨意。从中我们能够看出，"树人"既有着深厚的历史文化底蕴，还是一个长期的过程。笔者将马克思"人"学思想和我国传统文化结合起来，认为大学体育培养的"人"，首先应该是具有"独立人格"，追求"个性自由"，倡导"全面发展"的"完整的人"; 其次，这种"个体"需要掌握一到两门运动项目并养成终身锻炼的习惯，且对体育学科地位产生正确的认知，在今后的生活中能够积极传播体育健康理念的"人"; 最

①李文堂.马克思关于"人"的概念[J].南京大学学报，2016(06): 5-13.

后，在参与体育运动实践的过程中，这种"个体"能够自觉地树立社会主义核心价值观，成为国家认同和民族自信的"人"。当然，大学体育"树人"的结果具有终身效应。在大学学习期间，大学生"个体"所形成的体育价值观念、运动行为技能、运动健康感悟、体育文化记忆会对家庭、社会、国家产生深远的影响。近年来，我国启动了健康中国战略和全民健身国家战略，包括大学生、工人、农民等在内的各行各业的人们早已形成一个"健康共同体"。这个"健康共同体"所形成的身体认知、健康行为、国家意识、民族精神，必将影响着国家行为和社会发展的变革。因此，大学体育"树立"的"人"是具有社会影响力，能够影响国家和民族前行的"人"。

（三）"立德"和"树人"的关系

"立德"和"树人"在大学体育教学实践的过程中应该是一种递进的关系。"立德"是基础，"树人"是目标，只有把它们结合起来才能完成任务。"立德"的目的是"树立"全面发展的"人"，但"树人"并不是简单重复"立德"，而是"助益成为"更有"德性"的"人"。"德性"对"人"的质量有着重要的影响。因此，在大学体育"立德树人"的实践过程中，不管作为教育者，还是作为管理者，都必须重视"立德"的重要性，只有"立德"才能"树人"，只有"立德"才能"成人"。大学体育"立德"和"树人"的这种递进关系反映出的是体育教育者和管理者的责任担当。

二、大学体育实现"立德树人"的手段

（一）强化学科建设，推动课程地位从边缘走向中心

大学体育课程是高校"立德树人"的重要教育资源。首先，大学体育课程的教学实践能够在增强学生体质的同时完善他们的

人格，充分发挥体育教育"实践育人"的功能；其次，通过大学体育课程能够将体育思想、体育文化、体育精神传播给学生，在潜移默化中激励、感化他们，充分发挥体育教育"学科育人"的功能。与其他学科比起来，大学体育课程有着鲜明的"立德树人"价值功效。因此，高校必须强化大学体育课程的建设，增强其竞争力，不断优化课程体系，提升课程内涵，使其从边缘课程走向中心课程，为完成大学体育课程"实践育人""学科育人"的教育任务而不断改革。在强化大学体育课程建设的过程中，高校要把学科、专业、课程三者的关系弄清楚，提升对"体育学"学科的认知。同时以"课程建设"为核心，突出"立德树人"的功能。此外，高校体育既有"术"的属性，更有"学"的性格；不仅有"健体""强身"的功效，更有"德育""化人"的价值。[①] 因此，为了全面落实人学体育课程"立德树人"的教育任务，高校应该使大学体育课程从"工具化"教学转型为"知识化"教学，不断提升学科话语权，推动大学体育课程的中心化发展。

（二）转变教学理念，推动体育教学从"增强体质"走向"全面发展"

有研究表明，近年来大学生的体质有所下降，尽管和体育教学有着一定的联系，但是也受到诸多因素的影响，比如大学生个体锻炼习惯、生活方式、社会和家庭对体育教育的偏见。因此，我们不能把大学生体质下降简单地归咎于体育教学，体育教学的目标不仅仅是增强学生体质，而学生体质的增强也不能成为评价大学体育教学成效的唯一标准。基于目标管理这个角度，大学体育课程应该具有三个层次的教学目标，即增强体质、掌握运动技能、全面发展。大学体育教育的"立德树人"不应该局限在"增

[①] 舒刚民.大学体育"立德树人"的时代审视[J].体育学刊, 2020(02): 7-13.

强体质"这个基本的目标上，而是要做到三个坚持，即坚持"以人为本"、坚持"健康第一"、坚持"全面育人"，使大学生全面发展。因此，大学体育教育应该在"立德树人"思想的指导下转变教学理念，推动体育教学从"增强体质"走向"全面发展"，[①] 对学生道德的养成、人格的塑造、社会主义核心价值观的培养给予更多的关注。

（三）优化教学设计，推动教学内容从单一走向多元

在"立德树人"思想的引领下，大学体育教学既要培养技术，又要传授知识，更要塑造价值、提升品德。因此，大学体育教学"立德树人"要打破过去以技能教学为主的框架，大力发展自身的育人资源，对优化教学设计，丰富教学内容，推动大学体育教学内容从单一走向多元。首先，坚持"立德树人"思想对教学内容的指导方向，在教学内容中融入体育文化、体育精神、社会主义核心价值观，引导大学生热爱祖国、热爱民族、热爱人民，提高体育教学"立德树人"的质量和效益；其次，在教学内容的设计上要严格按照"立德树人"的教育要求，不仅体现学科特色，还要体现"学科育人""实践育人"的价值功效，使体育教学更具针对性、有效性，使德育教育的隐形作用外显出来；最后，高校在对体育教学"立德树人"的内容进行设计的时候，一定要把大学生群体的认知特点和接受规律考虑进来，促进他们的专业技能和价值观念的融合，使理论育人和实践育人、显性育人和隐性育人达到统一。与此同时，大学体育教学"立德树人"还有注重仪式教育。作为高校体育教学的一部分，仪式教育是体育教学"立德树人"的重要方式。在教学的过程中，高校要结合我国优秀的

①杨文轩.论中国当代学校体育改革价值取向的转换——从增强体质到全面发展 [J]. 体育学刊，2016(06)：1-6.

体育文化传统，以校园内的各种教育要素和场景作为载体，积极地传播主流价值观，培养大学生的文化认同感和情感归属感，实现对他们的道德和文化教育。

第二节 终身体育理念及终身运动习惯的养成

一、终身体育理念的发展和高校体育教学

（一）终身体育理念的发展

我国对终身体育的研究开始于高校体育领域，有着极其明显的教育化倾向。很多在高校体育领域里发展而来的终身体育观点对目前的体育教学仍然起着积极的指导作用。由于《全民健身计划纲要》的颁布和实施，终身体育理念在全民健身领域得到了进一步的发展，积极地推动了群众体育的发展。目前，无论是高水平的竞技运动，还是以健身娱乐、自我发展为目标的大众体育，都融入了终身体育理念。可以说，终身体育的内涵在广度、深度上都得到了很大的拓展。放眼未来，体育将和人们的生活联系得越来越紧密，终身体育理念一定会深入每个人的体育生活，与人终身相伴。

（二）发展的终身体育理念对大学生的影响

目前，我国已经把全民健身上升为国家战略，它是一个国家综合实力的重要体现。作为实施全民健身计划的重点人群——青少年，要不断增强自身身体素质，掌握必要的运动技能，培养体育运动兴趣，形成终身体育健身的良好习惯。这不仅对自身有益，对国家和社会也有重要的意义。目前，体质健康水平依旧是大学生素质的短板。相关研究表明，近年来，我国大学生的体质

健康水平呈现出明显的下滑趋势。只有增加合理的体育锻炼，才能有效地提升大学生的体质健康水平。因此，高校体育教育要引领大学生积极地参与体育锻炼，提高他们终身体育的意识。与此同时，在全民健身国家战略的指导下，大学生要积极地投入到全民健身的热潮中，尽早建立发展的终身体育理念，为这一前景无限广阔的体育舞台奉献自己的体育价值。

（三）发展的终身体育理念对高校体育课程的影响

高校体育教育的重要目标就是培养学生体育兴趣、发展体育爱好、形成体育习惯。在教育部印发的《全国普通高等学校体育课程教学指导纲要》中，已经将学生基本形成终身体育的意识明确地写入了高校体育课程的目标之中。因此，高校体育教学目标和终身体育发展目标是相统一的。[①]终身体育理念始终处于发展之中，这就要求高校体育教学必须和社会生活对学生终身体育的要求相适应，不断改进教学方法、扩展教学内容，拓展教学领域，使体育教学促进学生终身体育的发展。[②]高校体育教师应该关注体育领域内的各种发展，以更加有效的手段培养和帮助学生建立终身体育意识和行为，为他们今后保持终身体育锻炼打下坚实的基础。

二、如何培养大学生终身体育的意识和行为

（一）培养大学生的"体育综合素养"

通过体育教学和体育锻炼过程达到增强体质、增进健康和体育素养的目标；在教育过程中要寓促进身心和谐发展、思想品德

---

①聂书宝.终身体育思想在学校体育教学中的渗透研究 [J].江苏第二师范学院学报（自然科学），2017(06)：83-85.
②董跃春，谭华，宋宗佩.建设终身体育社会的价值研究 [J].体育科学，2016(04)：51-60.

教育、文化科学教育、生活与体育技能教育于身体活动并有机结合。基于以上内容，体育教师对课程目标进行合理的整合就显得极其重要。只有对课程目标进行合理的整合才能更好培养大学生的综合素质，使其形成"体育综合素质"，进而促进他们终身体育意识和行为的养成。

（二）多领域进行终身体育行为的养成

在高校体育教学的过程中，以终身体育为目标，激发学生自主和自觉学习体育的兴趣，培养他们对体育运动的兴趣和爱好、独立锻炼身体的能力，为终身体育奠定基础。另外，高校应该利用生活领域中的各种机会让学生进行体育实践，为他们日后进入社会继续终身体育打下坚实的基础。

（三）多学科渗透培养终身体育行为

目前，体育的内涵和外延不断地延伸，终身体育行为早已不仅仅局限在身体锻炼这个领域里。随着参与终身体育个体的综合素质的提高，非体育领域的知识和内容已经渗透到体育领域，并且它们与体育领域相互结合起来，成为目前终身体育行为的发展形式。例如，通过观赏体育竞技比赛能够对个体的文化素养有所提升，医学、营养学、心理学等学科同体育结合起来能够提升个体的体育素质，使终身体育行为的执行力有所提升，对个体终身体育行为的发展也是大有益处的。

（四）从大学生需求的角度培养终身体育的行为

基于大学生的体育需求培养终身体育行为也能够促进他们的终身体育行为。挖掘每一位学生的体育需求，在意识层面加以引导，使其对体育运动产生兴趣，形成良好的行为习惯，这样便会促进他们终身体育行为的养成。

第三节　多维一体综合素养的培养

一、什么是综合素养

从体育的角度来谈综合素养，指的是个体基于先天遗传，受家庭、学校、社会环境的影响，通过锻炼在实现身心发展的过程中逐渐形成的对身体文化和精神文化内在追求的综合性文化素养，它包括体育知识、体育技能、体育习惯、体育精神、体育道德等。由此可见，综合素养既包括健身的基本需求，又包括精神、价值观念上的需求。

二、大学生综合素养培养的不足之处

（一）重视竞技体育，忽视体育的普及

一些高校对竞技体育所带来的荣誉和利益非常重视，却往往忽视了普通大学生综合素养的培养。高校的任务和使命不仅仅是为国家培养优秀的竞技体育人才，还需要在大学生中普及体育技能、提高体育综合素养。毕竟大部分的学生毕业以后从事竞技体育的只是很少的一部分，绝大多数的学生还是要参加工作，拥有一个好的身体，需要具备基本的体育综合素养，养成终身锻炼的习惯。

（二）重视体质的提高，忽视体育精神的培养和体育文化的传播

高校体育教学不仅要提高学生的身体素质，还要培养他们的体育精神，传承和发扬体育文化。既要育身，又要育人。然而多年以来，大部分高校体育教育的根本目的是锻炼身体、提高体质。沿用传统教学方法，注重竞技体育，学生考评过于单一，造成学生对体育课不感兴趣，使体育教育失去原本的魅力。

（三）重视体育教学，忽视课外锻炼

由于课业负担比较重，高校体育课在每周只有两节。因此，体育教育必须重视学生的课外锻炼。高校体育教学应该把课堂当作主阵地，把课外锻炼当作课堂教学的延伸、补充、实践。教育部门对高校课堂体育教学的教学目标、教学内容、课程进度、课堂密度等都做出了详细、科学的规定，但是没有提到如何管理和开展学生课外锻炼。可见，没有对课外锻炼给予足够的重视，导致学生体育锻炼效果不理想。

（四）重视体育技能，忽视体育理论

如今的高校体育教学中还是有着应试教育的影子。期末考试考什么，课堂上体育教师就教什么。体育教学只重视体育的技能，而忽视体育理论的学习。丰富的理论知识可以科学地指导学生进行体育锻炼、理解运动规律，培养他们的体育精神，养成终身体育的习惯。

（五）重视场地"硬件"，忽视文化"软件"

近年来，国家对高等教育的建设投入了很大的力度，高校体育的硬件设施条件可以说发生了翻天覆地的变化。然而，在改善高校体育设施硬件条件的同时，校园体育文化的建设却相对滞后。高校举办的赛事比较少，学生缺少参与热情。高校缺少规范的俱乐部和协会，就算一些高校有俱乐部，但基本上都承包给了第三方，导致学生参加课外锻炼还要缴纳一定的场地费用。而协会又没有组织一些比赛，把成员聚到一起交流经验，向学生们宣传体育精神。

三、大学生体育综合素养培养路径

（一）践行多维体育育人观

高校体育教育是一个有着多功能多目标的育人系统，体育课堂教育应该承担起促使学生生物、心理、社会三方面都得到健康发展的职能，把培养学生的身心健康、体育精神、终身体育意识作为重要的教育目标。具体来说，高校要通过体育教学和体育活动让学生有正确的思想观念，较强的组织纪律性，良好的意志品质，促使他们形成积极向上、活泼乐观、踏实奋进的心理素质，帮助他们树立责任感和使命感，遵守规则，团结向上。总之，高校要通过体育教学活动让学生在智力、体力、道德、情感、行为等方面平衡、协调地发展。

（二）鼓励课外锻炼

体育锻炼并不限于体育课堂，学生要把体育锻炼看作自己生活的一个部分，形成终身体育锻炼的意识。由于体育课堂时间有限，体育教师只有把体育项目的基本技术和技能教授给学生，使他们掌握锻炼方法和体育知识，才能在课外利用大量的时间进行训练和实践。课堂教学是必须完成的教学活动和达到的教学目标，课外锻炼则是学生根据自己的兴趣愉悦身心的过程。因此，高校和体育教师需要鼓励学生积极自主地参加课外锻炼。首先，通过体育课堂让学生认识到课外锻炼的重要性。其次，由高校的体育部、俱乐部、体育教师根据体育项目组织课外锻炼活动，活动的形式要丰富多样。这种活动只有常态化、高频化，才能满足学生的个性需求。最后，建立奖励机制。对于经常参加体育锻炼的学生要进行奖励。利用大数据技术，为所有参加课外锻炼的学生建立数据库和评比制度，激发学生课外锻炼的热情。

(三) 加强体育理论教育

一些体育教师把体育教学等同于体育锻炼或者竞技体育，也就是在课堂上讲解的体育理论和体育项目联系得很密切。这样做其实是狭隘的。体育教育要想提高学生的体育综合素养，就必须让学生掌握一定的体育基本知识和健康知识，比如身体健康的指标、健康观念、运动损伤和急救、野外生存。对于运动项目动作技巧的学习，体育教师不仅要让学生知其然，还要让他们知其所以然，把理论和实践完美地结合起来。因此，笔者建议拿出体育课三分之一的时间用于举办讲座、报告，对学生展开人文理论教育，提高他们的体育综合素养。

(四) 营造体育文化氛围

校园体育文化是学校人文精神的重要体现，是培养学生体育综合素养的有效措施。由于学生体育综合素养有着丰富的内容，而且体育综合素养的培养需要日积月累，光靠体育课堂是不够的，所以需要在校园内营造良好的体育文化氛围，潜移默化地提高学生的体育综合素养。高校可以通过多种方式来营造校园体育文化氛围。首先，通过举办体育赛事，比如体育联赛、各个项目的比赛。需要注意的是高校要做好宣传工作，组织好啦啦队；也可以让一些赞助商加盟，通过这些方式扩大赛事的影响。其次，健全学生身边的体育组织。目前，很多高校除了体育部就几乎没有其他学生自己的体育组织，俱乐部也差不多都外包出去了。高校可以鼓励学生成立各种体育团队，另外俱乐部也要回归它原来的职能。最后，建设和开放体育场馆和体育设施。如今，很多高校的室内体育场馆都只在学生上体育课的时候开放，想要锻炼的学生只能去校外收费的运动场所。尽管收费不是很高，但是对于学生群体来说也是一笔不小的开销。最后，高校要丰富体育教学内容，把广受学生欢迎的一些体育项目引入课堂教学，打造体育文化艺术节，展现体育的魅力，陶冶学生的情操。

第四章 高校体育文化对学生体育锻炼行为的影响

第一节 高校大学生体育运动行为现状

一、调查对象的基本情况

笔者对所在省份的 20 多所本专科院校的 932 名性别不同、年级不同、专业不同的学生及他们每个月的生活费作了一个统计。从统计的结果来看：大一被调查的人数为 278 人，大二被调查的人数为 345 人，大三被调查的人数为 168 人，大四被调查的人数为 141 人；文科专业被调查的人数为 472 人，理科专业被调查的人数为 460 人；每个月生活费在 500 ~ 1000 元之间的人数为 421 人，每个月生活费在 1001 ~ 1500 元的人数为 392 人，每个月生活费在 500 元以下和 1500 元以上的人数为 119 人，分别占被调查人数的 45%、42%、13%。由此可以看出，学生们的经济状况相差不是很大，比较符合当前大学生的消费水平。

二、大学生参与体育锻炼的频率、时间、运动强度分析

（一）参与体育锻炼的频率

首先我们来了解下什么是体育锻炼频率。体育锻炼频率指的是一定周期内的体育锻炼次数，是体育锻炼行为研究中最重要的研究指标，也是国家体育总局对体育人口判定的标准之一，标准

中提出体育锻炼频率达到每周 3 次及以上可列为体育人口。[①] 从调查结果来看，几乎不锻炼、每周锻炼 1 次、2 次、3 次及以上的总人数分别为 102 人、432 人、223 人和 175 人，表明大部分的学生每周都会参与锻炼，但是能够称得上体育人口的学生的比例还有待提高。一些学生平时很少参与体育活动，他们更喜欢把时间用在网上购物、刷短视频、聊即时软件这些轻松且娱乐性比较高的活动。从另一个侧面也能够看出当代大学生没有给予体育足够的重视度，这应该引起学校和社会的重视。笔者在调查中发现，每周锻炼 1 次的人数里，男生要少于女生，随着每周锻炼次数的增加，男生的人数要明显高于女生的人数。由此可见，男生和女生之间具有显著的差异性，就参与体育锻炼的次数而言，男生要明显高于女生，达到体育人口的比例较高，对于体育锻炼男生有着更高的积极性。

从年级来看，大一年级的学生每周锻炼 1 次和 2 次的人数占总人数的 45.3% 和 26.4%，大二年级的学生每周锻炼 1 次和 2 次的人数占总人数的 56.3% 和 23.7%，两个年级学生的比例都比较高。而大三年级的学生每周锻炼 1 次和几乎不锻炼的人数有 88.2%，大四年级的学生几乎不参与体育锻炼。从中我们能够看出，随着年级的升高，大学生体育锻炼的频率也在逐渐拉大，与大三和大四的学生比起来，大一和大二的学生参加体育锻炼的次数要高得多。从全国高校的课程设置来看，非体育专业学生体育选修课分为 4 个学期，大体上都安排在大一、大二。低年段学生所表现出的体育运动热情极有可能是受到课程设置的影响，富有规律性的高校体育课堂教学有利于保持学生对体育活动的热情。此外，由于处在运动项目的学习期，学生很容易保持对运动的新

①卢元镇.体育社会学 [M].北京：高等教育出版社，2002：82.

鲜感，能够促进他们的锻炼行为。由于课业压力、考研准备、就业计划以及其他活动安排的冲突，大三、大四学生参与体育活动的频率呈现下降的趋势。

我们再从文科专业和理科专业的角度看。调查结果显示：文科类专业学生一周锻炼1次、2次的比例分别为57.62%、18.32%，理科类专业学生一周锻炼1次、2次的比例分别为43.57%、32.89%；一周锻炼3次及以上的文科类专业和理科类专业学生的比例分别为12.53%、17.29%。由此可见，文科类专业学生的体育锻炼频率不如理科类专业学生的高。由于理科类专业学生中男生居多，因此学生们所处的环境对他们也有很大的影响。

（二）参与体育锻炼的时间

国家体育总局将平均每次进行体育锻炼的时间要求达到30分钟及以上作为判定体育人口的标准之一。借助函数方程推导，仇军教授认为，只要每次体育锻炼的时间达到20分钟就可以判定为体育人口。从我国人口的体育现状，一次身体活动的时间至少在20分钟，才能够产生锻炼效益，中国群众体育现状调查组研究表明，每周3次、每次20分钟以上积极的身体活动，这样的身体负荷和频率对呼吸和循环系统的维持、提高具有明显作用。[1]

笔者在调查中发现：接受调查的学生中有278人体育锻炼的时间在31~60分钟，占所调查人数的30%；体育锻炼的时间在11~20分钟和2~30分钟的，占所调查人数的比例分别为23.75%、25.32%；体育锻炼时间在10分钟及以内的，占所调查人数的12.31%；体育锻炼时间在60分钟以上的占8.62%。由此

①杨少文.西安地区高校体育环境对大学生体育锻炼行为的影响研究 [D].西安体育学院，2011: 15-17.

可见，绝大多数的学生还是可以保证比较适宜的运动时长的。

　　笔者又从性别角度对调查数据进行了分析。男生体育锻炼的时间在 10 分钟及以内的比例为 3.23%，女生在体育锻炼时间相同的情况下占的比例为 17.33%；锻炼时间在 21~30 分钟、31~60 分钟及 60 分钟以上的男生占所调查人数的比例分别为 21.35%、34.86%、35.72%，女生占所调查人数的比例分别为 25.36%、29.45%、3.35%。由此可见，不同性别的学生在锻炼时间上存在着显著的差异，从短时间活动的比例上看，女生要高于男生；而从长时间活动的比例上看，男生要高于女生。相比之下，男生的体育锻炼时长更加科学合理，能够起到比较好的锻炼效果。

　　（三）参与体育锻炼的强度

　　我们也可以用体育锻炼强度来衡量身体活动是否达到了一定运动效用。多项研究发现，强度低的运动所产生的运动量要比刺激阈值低，对氧气摄入量的变化不会产生很大的影响，因此运动效益并不理想。除用身体变化检测数据量化值来测量体育锻炼强度之外，我们还可以通过运动生理现象做出判定。《体育活动等级量表（PARS-3）》将体育锻炼强度按照由低到高分为五个等级：微微发热，轻微运动；微微出汗，小强度运动；中等出汗，中等强度运动；出汗很多，大强度但不持久运动；出汗很多，大强度但持久运动。

　　笔者对被调查大学生参与体育锻炼的强度大小按选择人数由多到少依次排列为：中等出汗、中等强度运动，有 352 人，占被调查人数的 38%；微微出汗、小强度运动，有 252 人，占被调查人数的 27%；微微发热、轻微运动，有 103 人，占被调查人数的 11%；出汗很多、大强度且持久运动，有 72 人，占被调查人数的 8%；出汗很多、大强度但不持久运动，有 153 人，占总人数的 16%。从调查的结果我们能够看出，大学生都能够达到足够的运动强度。此外，选择微微发热、轻微运动和微微出汗、小强度运动男生的比例分别为 8.4%、16.3%，女生选择这两项的比例分别为 17.3% 和 28.6%；选择中等出汗、中等强度运动和出汗很多、大强度且持久运动的男生比例分别为 38.3% 和 23.4%，女生选择这两项的比例分别为 37.2%、5.6%，P<0.01。由此可见，在体育锻炼强度上，男生和女生有着显著的差异，大多数女生喜欢进行较小强度的锻炼，而男生则更喜欢进行强度大、时间长的运动，这与男生在生理和心理上的运动特点是非常符合的。

三、大学生体育运动项目的选择情况分析

从调查结果来看，笔者按照学生选择运动项目的人数多少，对运动项目进行了排序：跑步、羽毛球，篮球、乒乓球、游泳、排球、体育舞蹈、网球和健身器材、足球。全部接受调查的学生选择最多的三种运动项目是：跑步、羽毛球、乒乓球，可见强度适中，互动性强，对设施器材、场地要求不高，开销不大的运动项目是比较受学生喜欢的，这也从另一个方面反映出高校体育物质建设有待进一步的提高。通过对调查结果的进一步分析，我们能够看到，在选择篮球这项运动的人数上，男生为 234 人，女生则仅有 31 人，而选择体育舞蹈、健美操这两项运动的人数，男生分别为 7 人、13 人，女生分别为 68 人、87 人，男女生人数的反差还是比较大的。由此可见，男生在选择运动项目的时候，倾向那些对抗性、协作性、技术性、运动量大的运动项目，而女生在选择运动项目的时候，则倾向那些具有美感、艺术性、观赏性的运动项目。笔者还发现，除了常规的体育运动项目，近年来一些具有专业性、功能性、个性化的运动项目也受到学生的青睐，

比如武术、轮滑、瑜伽、跆拳道、街舞，体现了当代大学生兴趣广泛、追求潮流、前卫的个性特点。

四、大学生参与体育锻炼的形式和场所分析

（一）大学生参与体育锻炼的形式

在被调查的学生中，选择集体或者社团组织活动的有233人，占到总人数的25%；选择个人单独锻炼的有170人，占到总人数的18%；选择同学或者好朋友自发组织运动的有529人，占到总人数的57%。由此我们可以看出，和朋友、同学一起锻炼是大部分学生比较中意的体育锻炼形式，同时也反映出大学生比较强烈的"从众心理"，他们希望通过与熟人的互动来获得安全感、归属感与认同感，同时也能够更好地增进彼此的友谊。进一步分析发现：选择同学或者好友自发运动的男生比例为62.3%，女生比例则为55.7%；参与集体或者社团组织活动的男生比例为16.4%，女生比例则为28.6%。从以上数据可以看出，在选择运动形式的时候，男生和女生之间的差异是比较大的。同女生比起来，男生对参与和朋友一起的自发活动更加偏好；相对于男生，女生对参加集体组织性活动更加偏好。由此我们能够看出，男生在选择体育锻炼形式的时候更加积极主动，女生在选择体育锻炼形式的时候表现出来的依赖性和盲目性更强。女生对体育运动虽然并不排斥，但是她们的热情不够且缺乏主见。

（二）大学生参与体育锻炼的场所选择

从调查结果来看，选择在露天运动场或者空旷场地锻炼的人数为752人，占总人数的80.1%；选择在封闭的体育场馆锻炼的人数为133人，占总人数的14.2%；选择在健身房锻炼的人数为47人，占总人数的5.7%。由此可见，大多数学生在进行体育锻

炼的时候会选择户外免费场地，笔者认为应该出于两个原因：一个是学生自身经济条件对他们选择体育锻炼方式的制约，另一个是在露天运动场或空旷场地进行体育锻炼的时候，学生的选择性比较大。因此，出于开支的考虑，选择在封闭的体育场馆进行锻炼的学生人数自然会比较低，选择在健身房锻炼的学生就更少了。选择在封闭的体育场馆进行体育锻炼的男生和女生的比例分别为7.8%和21.4%；选择在露天运动场或者空旷场地活动的男生和女生的比例分别为87.6%和72.1%。我们能够看出，在选择封闭的体育场馆进行锻炼的时候，男生和女生是存在着明显差异的。与男生比起来，女生更愿意选择在室内运动，她们更在意运动器材、设施的条件。无论是从视觉效果，还是从感官效果，室内运动场所都会给她们带来"高大上的体育享受"。

五、大学生运动方法、技能的学习渠道分析

从调查结果来看：大学生运动方法、技能的学习渠道由高到低分别为：体育课堂学习、同伴带领或者相互学、体育教练指导、观看视频资料、体育社团培训、浏览体育书刊。我们从中能够看出，大学生运动方法、技能的学习渠道主要是从体育课中学习的，体育教学是学生系统性地了解和掌握体育运动技能最为直接和有效的途径，从而能够提高学生的运动信心、调动学生的运动热情，这一结果可以反映出学校体育教育的重要性和价值所在。同时，在运动伙伴的带领下学习或者在互动过程中相互学习，也能够反映出大部分学生对同伴的依赖心理，以及体育行为比较容易受到身边运动氛围的影响。

六、大学生参与体育锻炼的动机分析

参与者针对某种特定的心理需要发出一种内驱力或者冲力称之为动机。动机可以作为锻炼意识转化为锻炼行为的中介力量。锻炼行为的形成是由锻炼动机引发的,它也是对锻炼行为起到维持的心理动力。由于引起原因的不同,我们可以把动机分为两个类型,即外在动机和内在动机。内部锻炼动机指的是为了获得锻炼行为本身所带来的愉悦感和满足感,主体在参与体育锻炼的时候不受外界因素的干扰,自身产生的内部动力;外部锻炼动机指的是在受到外界释放的精神或物质刺激,比如鼓励、奖励,或者施加的有形或者无形的精神压力而使主体产生的内驱力,从而选择参与体育锻炼。[①] 从调查的结果来看:为了愉悦身心、缓解压力参与体育锻炼的有 722 人,占比最高;为了丰富课余生活和增进人际交往,分别为 567 人和 483 人;愉悦身心、丰富娱乐生活和强身健体是男生选择最多的三项体育锻炼的动机,人数分别为 532 人、315 人、283 人,而愉悦身心、塑造良好的体型和丰富课余生活是女生选择最多的三项体育锻炼的动机。统计分析表明,P<0.01,说明在参与体育锻炼的动机上,男生和女生有着明显的差异。为了健身参与体育锻炼的男生人数要比女生人数多得多;女生参与体育锻炼的最大目的是保持身材、塑造体型。

[①] 王景亮. 大学生体育态度和体育行为的现状调查及对策研究 [J]. 西安联合大学学报,2016(11):85-88.

第二节　高校体育文化建设状况分析

一、体育场地开放程度和器材利用率状况分析

笔者通过调研后发现：大学生对体育场地开放程度和器材利用率非常满意的人数为 95 人，占被调查人数的 10.2%；对体育场地开放程度和器材利用率比较满意的人数为 298 人，占被调查人数的 32%；对体育场地开放程度和器材利用率认为一般的人数为 377 人，占被调查人数的 40%；对体育场地开放程度和器材利用率不太满意的人数为 102 人，占被调查人数的 10.9%；对体育场地开放程度和器材利用率不满意的人数为 60 人，占被调查人数的 6.9%。认为体育场地开放程度和器材利用率比较高和一般的学生人数占比比较大。从整体上来看，高校在体育物资、设施等物质建设上投入的使用率和回报率比较高，体育场地、运动器材在学生的体育活动中的利用还是比较充分、有效的。进一步分析之后，笔者发现，在对体育场地开放程度和器材利用率的满意度上，P<0.01，说明男生和女生之间存在着显著的差异。对体育场地开放程度和器材利用率表示不满意的女生人数比例要远远高于男生的比例；在使用运动器材和场地方面，男生的灵活性更强。

二、体育课程教学内容评价分析

学生们又是如何评价体育课程教学内容的呢？对体育课程教学内容表示满意的学生有 357 人，占被调查人数的 38.1%；对体育课程教学内容表示非常满意的学生有 481 人，占被调查人数的 51.3%；对体育课程教学内容表示比较满意的学生有 79 人，占被调查人数的 8.4%；对体育课程教学内容表示一般的学生有 19

人，占被调查人数的2.2%；没有一名学生对体育课程教学内容感到不满意。从数据来看，将近89%的学生对体育教学给出了较好和很好的评价，可见目前高校体育在教学结构、教学内容等的设置上还是比较合理、比较人性化的，与当代大学生的体育运动心理和行为模式是相符合的。此外，对体育课程教学内容表示非常满意的男生人数为149人，占男生总人数的32.5%，女生人数为189人，占女生总人数的34.3%；对体育课程教学内容表示不满意的19人都是女生。经过统计，$P<0.01$，表明在体育课程教学内容的评价上男生和女生有比较大的差异。相对于女生而言，男生给予体育教学高度评价的人数要更多一些，反映出他们对于课堂这种常规式的体育学习模式是比较接受的。

三、特色优势体育项目的开展状况分析

在接受调查的学生当中，认为学校的特色或者优势体育项目开展状况比较一般的有498人，占总人数的比例为53.4%；认为学校的特色或者优势体育项目开展状况比较满意的有229人，占总人数的比例为24.5%；认为学校的特色或者优势体育项目开展状况非常满意的有177人，占总人数的比例为18.9%；认为学校的特色或者优势体育项目开展状况不太满意和不满意的各有14人，各占总人数的比例为1.6%。从上面的统计数据我们可以看出，将近一半的大学生对学校的特色体育项目或者传统体育活动的开展状况、宣传力度及优势运动项目的竞技水平、影响力没有表现出较高的认可度，甚至有一部分大学生还不太了解所在学校的特色体育项目。因此，高校应该加大具有独特性、趣味性、优势性体育运动项目的发展力度，培养特色体育文化。笔者所调研的40多所国内高校的特色、优势体育项目的开展情况表现出了

很大的差异性，其中，A高校在大学生参与体育锻炼频率的均值得分中是最高的，这所高校在体育传统项目的开展上也要好于其他高校。篮球运动是A高校最具优势和传统的运动项目，曾连续七年获得CUBA（中国大学生篮球联赛）全国总冠军，并获得了"四连冠""六冠王"的光荣称号，奠定了其在CUBA赛场上的男篮霸主地位。与此同时，A高校的学生也被学校的篮球运动文化所深深地感染，他们以此为傲。A高校篮球队取得的优秀成绩及其所具有的坚忍不拔、精诚协作、积极进取的运动精神都鼓舞和推动了A高校学生参与体育的信心和热情。

四、课外体育活动和单项比赛的开展状况分析

笔者在调查中发现：对课外体育活动和单项比赛的开展情况表示一般的有473人，占总人数的50.1%；对课外体育活动和单项比赛的开展情况表示比较满意的有271人，占总人数的29.1%；对课外体育活动和单项比赛的开展情况表示非常满意的有104人，占总人数的11.1%；对课外体育活动和单项比赛的开展情况表示不太满意的有63人，占总人数的6.7%；对课外体育活动和单项比赛的开展情况表示不满意的有21人，占总人数的3%。通过上述分析我们能够看出，大部分学生对学校课外体育活动和单项比赛的开展情况的意见比较集中，认可度并不是很高。高校开展课余体育休闲娱乐能够帮助学生缓解学习压力、调节心理状况、提高运动兴趣。通过课外体育活动的开展能够充分发挥出体育的娱乐特性，班级、年级、学院间单项运动比赛（比如篮球赛、排球赛）的举办也能够加强学生集体间的交流和互动，在竞争和协作中相互切磋、学习，同时增进了解、发展友谊，积极开展课外体育活动比赛是高校体育行为文化建设中的一个重要课题。经

过进一步的分析可知，对课外体育活动和单项比赛的开展情况表示不太满意的女生有 25 人，占总数的 9.2%，而男生有 10 人，占总数的 2.3%，P<0.01，在课外体育活动和单项比赛的开展满意度选择上，男生和女生之间的差异是很明显的。与男生相比，女生对学校课余体育活动的认可度和关注度都是比较低的。

五、课外体育活动和单项比赛的开展状况分析

笔者对调查结果进行了分析：有 527 人认为体育社团开展状况一般，占到总人数的 56.5%；有 183 人比较满意体育社团的开展状况，占到总人数的 19.6%；有 192 人非常满意体育社团的开展状况，占到总人数的 20.6%；各有 15 人不太满意或不满意体育社团的开展状况，分别占到总人数的 1.65%。从上述的分析数据中我们能够看出，大部分的学生认为高校社团建设工作开展的情况比较一般，将近 40% 的学生给出了比较高的评价，这表明无论是在组织形式，还是活动内容上，高校社团活动还不能有效地调动学生参与的热情，很多时候大部分的学生甚至不会选择参与体育社团和体育协会活动。高校体育社团文化目前仍需要不断地培育和发展，高校应该重视对体育社团的管理和培养，使其成为学生体育学习和娱乐的"第二课堂"。

六、体育活动氛围和精神风貌评价分析

从调查结果来看：对校园体育活动氛围和精神风貌表示比较满意的学生有 398 人，占总人数的 42.7%；对校园体育活动氛围和精神风貌表示一般的学生有 271 人，占总人数的 29.1%；对校园体育活动氛围和精神风貌表示非常满意的学生有 150 人，占总人数的 16.1%；对校园体育活动氛围和精神风貌表示不太满意的

学生有 71 人，占总人数的 7.6%；对校园体育活动氛围和精神风貌表示不满意的学生有 42 人，占总人数的 4.5%。从中我们能够看出，对学校体育活动氛围和精神风貌而言，大部分的学生还是持肯定态度的，仅有 4.5% 的学生对其的认可度不高，反映目前高校校园总体上还是形成了较为良好的体育环境和运动氛围，并且对学生具有比较强烈的影响力和感染力。笔者通过实地观察和走访也了解，大多数高校的露天运动场地经常能看到学生们进行体育活动的场景，展现出朝气蓬勃的生命力激情。

第三节　高校体育文化对大学生运动锻炼行为的影响

一、校园体育物质文化对大学生体育锻炼行为影响分析

（一）体育场地、体育设备、体育器材数量影响分析

笔者通过单因素方差分析得出大学生在对体育场地、体育设备、体育器材数量状况不同满意度的体育锻炼频率均值的得分由高到低为：比较满意，非常满意，一般，不太满意，不满意，$P<0.01$，对体育场地、体育设备、体育器材数量不同满意度的大学生的体育锻炼频率差异具有显著性，满意度和锻炼频率是正相关的关系，满意度越高，大学生参与体育锻炼的次数越多。经过进一步的分析我们能够看出：对体育场地、体育设备、体育器材数量非常满意的学生每周锻炼 3 次及以上的人数占所有调查人数的 22.4%，高于满意度一般的 11.5%，比较满意的 8.4%，不太满意的 9.2%，不满意的 1.6%；比较满意的学生锻炼频率为每周 2 次的人数占所调查人数的 36.2%，高于不太满意的 17.4% 和表示一般的 16.7%；在对体育场地、体育设备、体育器材数量感到不

满意和不太满意的学生中，几乎不参加体育锻炼的人数占到所调查人数的 52.3% 和 28.6%，明显高于表示较高满意度的 3.5%。由此可见，学生觉得学校硬性设施越能够满足他们体育锻炼的物质需求，他们参与体育锻炼的积极性就越高；场地器材不足、设备陈旧不齐全等原因会在很大程度上影响学生的活动热情，使他们的体育运动参与度有所降低。对体育场地、体育设备、体育器材数量非常满意的大学生中选择健身房锻炼的有 6.5%，高于比较满意的 3.2%，一般的 2.6%，并且没有人表示不太满意和不满意；对体育场地、体育设备、体育器材数量非常满意的学生中选择封闭式体育馆的有 21.4%，高于比较满意的 15.7%，一般的 12.4%，不太满意的 9.5%，没有人表示不满意；选择不满意的所有学生、选择不太满意的学生中的 92.1% 和表示一般的学生中的 87.5% 都选择在露天运动场或者空旷场地进行体育锻炼。通过分析，F=7.322，P<0.01，对体育场地、体育设备、体育器材数量不同满意度的学生在锻炼场所的选择上差异具有显著性。可以看出选择在室内场馆锻炼的学生普遍对体育场地、体育设备、体育器材数量的满意度较高，对体育场地、体育设备、体育器材数量满意度越低的学生，有越高的比例选择在露天运动场地进行锻炼，分析结果反映出具有消费性、高档次的运动场所，其环境状况、设施建设及运动器材配备都更加完善、更加人性化，能够让运动者在运动的过程中得到更加舒适的娱乐享受，获得更高端的精神体验，是运动者比较理想化的选择；而在室外免费场地进行锻炼，由于占用人数较多，使得活动场地相对不足，并且健身设备的维修、更新滞后，导致参与锻炼的学生对露天运动场地的满意度相对较低。

（二）体育广播及体育宣传工作影响分析

从统计结果来看，学生对高校体育广播和体育宣传工作不同满意度的体育锻炼频率的均值由高到低为：非常满意，比较满意，一般，不太满意，不满意。F=8.341，P<0.01，对体育广播和体育宣传工作不同满意度的大学生的体育锻炼频率差异具有显著性，满意度越高，学生参与体育锻炼的次数越多。在对体育广播和体育宣传工作的开展非常满意的学生中每周锻炼 3 次及以上的占调查人数的 33.1%，高于选择比较满意的 17.2%、一般的8.3%，没有学生表示不太满意和不满意；对体育广播和体育宣传工作的开展比较满意的每周锻炼 2 次的比例最大，为 26.5%；对体育广播和体育宣传工作的开展表示一般、不太满意、不满意的学生每周锻炼 1 次的比例为 51.3%。从分析的结果我们能够看出，高校更多地进行体育活动、比赛的广播和体育知识文化的宣传，大学生的体育参与度更高。体育广播宣传不同于体育课程教学，它不具有强制性和约束力，通过"耳濡目染"的方式把体育内涵、体育意识融汇学生的思想中，让学生主动接纳体育运动、选择并热爱体育运动，能够从本质上改变他们的体育态度，抓好体育广播宣传工作是高校体育物质文化建设的一个重要环节。

二、校园体育制度文化对大学生体育锻炼行为影响分析

（一）体育教师的教学方式影响分析

从数据分析可以得出，大学生在对体育教师教学方式不同满意度上体育锻炼频率均值由高到低为：非常满意、比较满意、一般、不太满意、不满意。F=15.823，P<0.01，对体育教师教学方式不同满意度的大学生的体育锻炼频率差异具有显著性，满意度越高，大学生参与体育锻炼的次数越多。对体育教师的教学方

式给予高度评价的大学生参与体育锻炼频率在每周 2 次和 3 次及以上的比例分别为 32.5% 和 21.7%，要高于比较满意和一般的比例；几乎不参与体育锻炼的大学生选择一般的比例为 24.7%，高于比较满意的 12.3% 和非常满意的 8.7%。因此，对体育教师教学方式有较高评价的学生，其体育锻炼频率较高的人数比例明显大于对体育教师教学方式评价较低的人数比例，体育教师在体育教学中采用的教学手段、遵循的教学原则、选用的传授方法都会对学生产生一定的影响；其教学动作、语言解说越通俗易懂，学生越容易掌握运动技能；教师在教授过程中与学生的交流和互动越多，教学内容越容易被学生接受；教学采用的方式越具有趣味性、娱乐性，越容易激发学生参与的积极性和主动性。合理、人性化的教学方式能够有效强化大学生的体育锻炼行为。

(二) 学校对体育发展的重视度影响分析

通过数据分析可知，在学校对体育发展的重视度这一问题上所持不同看法的大学生在体育锻炼频率均值的得分由高到低为：比较满意，非常满意，一般，不太满意，不满意。F=7.459，P<0.01，在学校对体育发展的重视度评价上不同的大学生的体育锻炼频率差异具有显著性，满意度越高，大学生参与体育锻炼的次数越多。认为学校对体育发展足够重视度的大学生每周锻炼 3 次及以上的有 18.7%，比认为比较重视的 12.3% 和一般的 8.6% 要高，不太重视的 1.3%；每周锻炼 2 次的大学生选择比较满意和一般的比较多，分别为 25.3% 和 31.6%；认为重视度一般的大学生中有高达 86.3% 的体育锻炼频率为每周 1 次。从中我们能够看出，学校对体育发展的重视度越高，学生的体育锻炼行为越显著。一所学校体育处于何种地位，直接反映了它对教育本质的认识和对教育理想的追求，学校体育的根本不在于是否拥有体育天

才和体育成绩，而是能够培养出健康、阳光、热爱生命、有朝气的学生。增强大学生体育锻炼意识和体育锻炼行为的根本途径是学校从政策、师资、经费、管理上确保体育课程的落实、课余体育活动的开展、体育物质建设的投入，为学生创造更加优越的校园体育环境。

三、校园体育行为文化对大学生体育锻炼行为影响分析

（一）健身日、周、月、晨练活动影响分析

通过分析可以得出，对健身日、周、月、晨练活动开展情况满意度不同的学生体育锻炼频率均值的得分由高到低为：比较满意，非常满意，一般，不太满意，不满意。F=2.747，P<0.05，健身日、周、月、晨练活动开展情况评价不同的大学生体育锻炼频率存在差异，满意度越高，大学生参与体育锻炼的次数越多。认为健身日、周、月、晨练活动开展非常好的大学生中有23.5%的每周会锻炼3次及以上，高于比较满意的16.2%、一般的7.5%、不太满意的9.4%；表示一般的每周锻炼1次的人数的比例为58.3%，比其他满意度的人数比例要多；认为健身日、周、月、晨练活动开展不好的学生中，有24.2%几乎不参加体育锻炼，比其他评价的人数比例要高。从中我们能够看出，对健身日、周、月、晨练活动开展状况认可度越高的大学生参与体育锻炼的频率也越高。健身日、周、月、晨练活动的开设以健身为主要目的，在常规课程安排外加设的具有规模性、统一性、导向性的体育活动，相对于体育课程学习，它具有更大的灵活性和自由度，相比课余体育活动，它还是更为制度化、规范化，是学校体育教育实施的软性制度管理，同时也是校园体育行为文化的真实展现。健身日、周、月、晨练活动的常规化进行能够有效地促进大学生形

成锻炼习惯，变被动强迫"运动"为主动自愿"锻炼"。

（二）体育社团的开展状况对大学生锻炼形式选择影响分析

从分析结果来看：对体育社团开展状况表示非常满意和比较满意的学生其参与锻炼的主要形式是同学或者好友自发运动，比例分别为 62.3% 和 65.7%；而参与集体或者社团组织活动的学生中有 57.4% 的表示对社团开展状况不太满意。F=12.471，P<0.01，不同满意度的大学生参与体育锻炼的形式具有显著差异性。

第五章 新时期高校体育文化教育发展创新之路

第一节 文化强国战略下高校体育文化建设的新思考

新时期，作为一种重要的战略武器和战略资源，文化成为许多国家为实现其发展战略而重点建设的核心路径。在我国，高校体育文化建设不仅是为了继承和发展传统体育文化的有效措施，也是为了实现文化强国战略目标的重要方式。高校体育文化是我国社会主义特色文化的一个分枝，它能够丰富学生的文化生活、平衡他们的情感、强健他们的身体。由此我们可以看出，全面建设高校体育文化对于文化强国战略目标的顺利实现有着极其重要的现实意义。那么，我们将如何在文化强国战略下建设高校体育文化呢？笔者认为，应该从以下两个方面着手：

一、高校应申请政策推动体制转变

为了更好地适应文化强国战略的需求，高校申请扶持政策推动我国目前的体育体制转变并不是最近才得到学者们的共识，特别是在文化强国战略的背景下，我们更应对它进行重新审视。从我国的实践经验来看，任何事业的健康顺利发展都需要有利好政策的推动和保障，而体制对运作模式、管理权限、财力等发挥着决定性的作用。高校在进行体育文化建设的过程中如果没有得到来自政府的有利政策或优惠政策的支持，很多的现实问题就不能得到很好解决，很多具有开创性的设计方案就无法实施。新时期，我国提出走文化强国之路，对于高校体育文化教育而言，带来的不仅仅是新的发展契机，同时也带来了新的挑战。因此，高校应该积极地抓住这个机遇，奋勇向前、迎难而上，以实际行动推动国家体育制度的转变，力争申请到更大的管理权限及在政策、财力、物力上的支持。笔者通过研究国外高校体育文化建设的经验中发现，体育文化的快速发展对于高校的文化建设有着明显的带动作用，而高校文化的发展又会对文化强国战略目标的实现起到推动作用。目前，我国的高校体育体制有其优势，但也存在着弱势。中华人民共和国刚刚成立的时候，由于国家的经济实力比较弱，加之国际环境的不利影响，这就促成了我国的体育体制成为"举国体制"。之后几十年的时间里，"举国体制"发挥了积极的作用，特别是在国家建设方面。但是，随着时代的发展，"举国体制"也存在不足之处。由于人力、物力、财力、政策的集中度过高，相关领域的发展受到一定程度的影响。以竞技体育为例，过度的专业化使其脱离了广大群众的生活，一些相关利益方受到了损害。尽管许多高校已经意识到了问题的存在，也采取了一些措施，但是仍不能从根本上解决问题。高校体育文化建设在"举国体制"下取得了辉煌的发展成果，但是也受到了一些限制。时代在不断发展，一些传统的体育政策已经无法适应高校体育文化建设的需要。对相关政策进行大胆的创新和优化，使其满足时代发展的需要，是人们对于高校体育文化建设达成的共识。因此，高校应该与时俱进，逐渐转变思路，主动创新高校体育文化建设的制度文化，更好地践行文化强国战略的需求。

二、高校应该积极构建特色体育文化

创新是一切事物进步与发展的灵魂与方法，是民族与国家长盛不衰的不竭源泉。[①] 目前，各国的竞争其实质是综合国力的竞争，包括科技质量、人才素质、知识总量。从人类历史的发展进程来看，如果一个民族、一个国家一直保持国际领先地位，就必须抓住并利用好发展自身的每一个机会，如若不然，必将落后于其他国家，甚至被世界所淘汰。高校体育文化建设在文化强国战略的指导下也应该遵循这一规律。目前，很多高校并没有在建设体育文化的过程中全面继承我国传统的优秀体育文化，很多时候都是模仿或完全照搬外国高校体育文化的模式。这种现状对于塑造我国体育文化的灵魂是不利的，也无法将外国高校体育文化的精髓同我国高校体育教学的实际充分地结合起来，实用性和创新性不足，使我国高校体育文化的建设缺乏文化自觉性，鲜有标识性的体育文化。因此，要使我国高校体育文化建设效果得到大幅度提升，高校在建设体育文化的过程中就必须坚持走改革和创新之路。在具体实施的过程中，高校要对自身的情况有一个全面的认识。在这个基础上，高校要深入地研究和分析我国优秀的传统体育文化，将其中优秀的内容继承下来，学习并借鉴国外高校体育文化中的优秀内容，同时结合高校自身体育教学的实际开展有针对性的创新和发展。唯有如此，高校才能建设出具我国特色的高校体育文化。在文化强国战略的指导下，体育文化的意义和价值较过去发生了很大变化。在这种情况下，只有对我国传统的体育文化进行大胆的创新，通过建构具有高校自身特色的体育文化

---

①周芳，方新普.新形势下高校体育文化建设再思考[J].湖北文理学院学报，2017(04)：85-88.

内涵，才能够适应新时期高校体育文化发展的新需要，摆脱过去那种因循守旧、生搬硬套、全盘照搬的文化建设模式，为高校体育文化建设注入活力和生机。从每一届奥运会的比赛项目和文化来看，都与中外高校体育有着密切的联系。因此，笔者认为，只有继承和发挥好我国传统优秀体育文化，对其进行富有针对性的创新，在不久的将来一定会有更多的来自中国高校的奥运项目和文化。这就需要我国高校大胆摒弃传统的照搬和全面借鉴国外高校体育文化建设的模式，改变目前的体育文化局面，使我国的高校体育文化处于世界前列。

第二节　微时代背景下高校体育文化传播平台的建构

一、微媒体背景下高校体育文化传播平台建构的时代需求

高校体育文化传播需要有属于自己的校园官方微信公众号，这个微信公共平台具有权威性，经过认证的公众号代表着高校的形象，它作为高校提供校园信息服务的重要平台，其信息发布主体必然是高校官方，其信息必然是经过官方认可的内容，信息内容必然真实可靠，在引导校园舆论方面有着重要的作用。高校体育文化传播微媒体和微平台的介入能够促进学生通过越来越多的形式欣赏到体育的文化魅力，为高校搭建展示自身浓厚文化底蕴、鲜明教育特色的平台，应充分发挥体育的育人功能和文化传递功能，以丰富的内容和多样的形式，通过和其他学科文化的互相渗透、交融，陶冶个性，促进学生整体素质的提高和健全人格的形成，实现生理、心理、社会化的和谐发展。校园体育文化传

播微平台将高校教学、训练、竞赛、社会实践活动等方面取得的成果加以包装设计，以文字、图片、视频等形式推送到受众的移动媒体终端，经过朋友圈的二次传播，拓展到更大的范围时，既是对高校的一次极有影响的宣传，又对构建高校特色体育文化、梳理良好社会影响力起到重要的作用。

二、微时代高校体育文化传播微平台建构的优势

(一) 提供高校体育文化传播的新渠道

电视、报纸、杂志、照片等都是传统体育文化传播的模式。传统体育文化传播模式具有条理性、逻辑性、权威性，控制着体育传播的话语权，对体育文化传播的导向起着决定性的作用。伴随着微时代的来临，微媒体、微应用迅速普及，海量消息以"秒"计算，传播范围变得更广，有效地补充了传统传播模式。

(二) 提高高校体育文化传播的时效性

在高校体育文化中，无论是体育新闻，还是赛事精彩瞬间，抑或是赛事报道，它们都具有时效性。由于微媒体本身的便捷性，它能够在第一时间将体育信息迅速传播到更加广泛的人群和区域中，引起群体共鸣。

(三) 扩大高校体育文化的受众面和影响力

为了满足高校体育文化传播的需求，新媒体多角度、多形式地展示高校体育文化活动、文化制度、文化内涵，全方位立体体现校园体育文化的健康性、娱乐性、时尚性、生活性、大众性、文化性。[①] 大学生在受众和传播者角色中瞬间转变，对体育信息的选择、转发、点赞、评论，扩大了校园体育文化信息的影响力

[①] 武东海，王阳，范美丽 . 微时代背景下体育教育传播话语研究 [J]. 湖北体育科技，2020(05)：23-25.

度和辐射面,在朋友圈内的共鸣,提升了体育文化信息的群体内认可度,加快了传播速度。

(四)增强高校体育文化传播中的互动性

大学生除了是微平台的受众,也是体育信息的传播者,他们更希望通过自己的视角、镜头记录身边发生的事件,发表自己的见解,以观察者的身份参与到一项运动中来,于是"微拍"的形式就带着大学生自己的思考和设计,融入一项体育运动中,这是一种大学生和体育文化更深入的交流。

(五)提供大学生获得体育信息的新途径

对高校而言,大学生是学校体育教学、活动、文化传播的主要受众群体,能否为他们提供高效准确的信息服务是判断校园信息传播效率的重要标准。目前,大学生群体具有对移动互联网依赖程度高、主动社交沟通欲望较强、对新鲜事物的喜爱和接受能力较强、拥有强烈的学习欲望、拥有较多碎片化时间等特点,微媒体传播模式正好符合大学生的学习习惯,为大学生获得体育信息提供了新的途径。

三、微时代高校体育文化传播平台建构的设想

(一)搭建高校体育文化传播微平台

高校官方体育文化传播微平台是以为大学生提供服务为宗旨的平台,是改善校园信息服务环境,传播体育文化,提升校园信息服务,扩大校园体育文化影响力的重要载体,通过加速师生之间、生生之间、线上线下的全方位互动,推动学校体育教学、训练、竞赛的顺利进行,学生体育意识和体育常识的丰富,促进校园体育文化活动开展,从而传承体育精神、增强师生体质,培

养锻炼习惯。

（二）组建高校体育文化传播微平台的专业工作团队

高校体育文化传播微平台是高校体育文化的传声筒，是校园体育文化传播的重要阵地，微平台人才队伍专业素养直接体现高校体育文化传播的战斗力。高校体育文化传播微平台工作人员要熟悉新媒体的传播特点，具有一定的计算机操作能力，采编、美工、摄影、平台管理、内容推送、对外宣传、应急处理等能力。微平台工作人员对平台信息的甄选、编辑、排版、推送顺序和时间，都对大学生的体育态度和锻炼行为，对体育文化传播微平台的忠诚度有着直接的影响。微平台的工作人员还需要对推送信息的真实性、价值取向、网络语言的使用进行管理和监督，强化有秩序、有规范的体育话语权。

（三）明确高校体育文化传播微平台搭建原则，形成高校文化特色

高校体育文化传播微平台应该结合高校体育文化特色，大学生的青春与朝气，形成积极、趣味、多样、系统的传播风格，探究中国传统体育的人文精神和哲学思想，梳理每个项目的特点功能，传递科学、系统、权威的体育知识，挖掘高校本身的信息资源，寻找高校周边的服务项目，解读国家体育政策及举措，精心打造微平台版块，推送精品信息，使高校体育文化微平台信息符合大学生体育文化需求，顺应学校体育文化特色。

---

①陈英军.新媒体时代中学校园体育文化传播现状及方略探析：以株洲市市区示范性普通中学为例 [J].湖南工业大学学报（社会科学版），2016（03）：45-48.

（四）精心打造高校体育文化传播微平台版块，丰富高校体育文化传播内容

1.高校体育文化传播微平台之体育知识版块

高校体育文化微平台传播知识类内容，包括各项体育技能、基本教学、训练理论、保健养生康复等知识，利用短评、简述、图片加文字、文字加视频、动态图等形式展示出来，并分章节做成相对成系统的信息，分段推送，并互为链接，能使大学生在获得一个信息时，轻易获得一系列相关知识。

2.高校体育文化传播微平台之体育服务版块

高校体育文化微平台传播体育服务类内容，主要是搜集校园内及周边的体育文化活动信息。大学生群体更倾向于通过校园公众平台对和自己有关的体育成绩查询、专项课申请、选项课申请、体质成绩查询、考勤情况、成绩公告等事宜进行"微"模式操作，这样既方便快捷，又提高了校园信息传播和服务效率。

3.高校体育文化传播微平台之政策解析版块

高校体育文化微平台可以针对"足球进校园""健康中国"等热点问题，持续发表系列简述和短评，对全国人民代表大会的体育议题进行内容展示和分析，坚持"正面的"舆论导向，使大学生了解国内体育发展的动向与时尚研究的热点，营造健康的校园文化氛围。

4.高校体育文化传播微平台之校园活动小助手版块

本版块的内容和高校校园文化活动密切相关，目的是要通过更加普及的群众性活动，娱乐大学生的身心，提高他们的健身参与度。校园活动小助手将本学期举行的活动提前放在版块内，如举办定向越野赛、篮球、羽毛球联赛、迎新晚会等按周、月安排推送消息，让更多的大学生感受浓浓的青春气息。

5.高校体育文化传播微平台之体育赛事版块

高校的体育赛事，特别是运动会，是高校体育文化的集中体现，展示运动水平、运动精神、体育文化礼仪的大舞台。本版块可以跟进校运动会或者单项比赛进程，分批次有计划地推送项目介绍、竞赛规则、精彩瞬间、辉煌时刻、背后的故事、赛程转播、竞赛仪式、体育新闻、体育大明星等内容，将视频、图片、音乐、成绩通告等图文信息第一时间上传至微平台，将运动会全方位立体展现在大学生面前，足不出户，便知运动会全景概况，规模之大对大学生的震撼和吸引是在潜移默化中完成的。[①]

6.高校体育文化传播微平台之互动平台

互动性是微媒体的特质之一，大学生只有通过各种形式的参与才能真正地认识体育，近距离地体验运动之美。在微媒体传播过程中，观众和传播者角色通常是瞬间转换的，每个大学生都是体育信息的传播者、正能量的传递者。互动平台上还可以展示体育人物的微视频、时尚秀、健身变形记等视频，使更多的大学生从身边健身成功案例的蜕变中获取健身的动力，促进体育锻炼行为的长效性。

第三节　"互联网+"背景下高校体育文化发展之路

一、强化高校体育教育实践，培养学生体育新理念

在长期的实践经验的积累过程中，高校体育教育观根植于每个学生的思想意识当中，培养学生自主运动的意识和传播"参与

①陆青，张驰，杜长亮.微时代我国体育文化传播的模式创新研究[J].南京体育学院学报(社会科学版)，2016(06):34-36.

运动即感受自我存在"的全新运动理念同高校体育教育实践的可持续发展有着紧密的联系。高校体育教育实践并不是停留在书面上的形式主义，而是要使其不断发展、开拓创新，适应时代的需要。高校可以通过提高教师素养、开发大学公共体育课程、优化校园体育文化环境等诸多方面入手。高校体育教育实践永恒的主题是让学生把对体育运动的参与看作自己的一种生活方式，并作为一生的习惯保持下去，体验到对自身体质的益处，活出真实的自我。

二、加快发展高校校园体育文化发展方式

如今，人类已经进入"互联网＋"的时代，高校校园体育文化信息无论是在数量上，还是传播速度上，都呈现出了几何级的发展。基于此，我国高校校园体育文化的发展应该遵循因地制宜、开放创新的指导原则，建立"统筹规划，层次分明"的长效管理体制，明确职责和分工，使各种校园体育规章制度能够得到落实和实施。① 各部门之间要不断优化和升级协调机制，以创建一个良好的运营空间，为高校校园体育文化的健康发展提供必要的条件。为了防止发生校园体育突发事件，高校应该构建"多部门联合，重点防控与综合防控相结合"的控制机制与应急机制。

三、加大高校体育资金投入，夯实高校体育经济基础

坚实的高校体育经济基础是高校校园体育文化能够有效运转的前提条件。目前，我国高校体育经济基础在一定程度上无法满足学生日益增长的校园体育文化需求。这一问题需要我们加大

①张丽娟，陈东升. 关于高校校园体育文化的研究 [J]. 现代农业科学，2020（03）：45-47.

资金投入，以保障高校校园体育文化的建设。学生在丰富多样的高校校园体育文化内容的熏陶下使用着现代化的体育设施、体育器材，将极大地调动他们参与体育运动的自主意识，从而提高他们的身体素质，使高校校园体育文化为实践主体提供更好的服务。

四、大力培育"本土化"体育社团、俱乐部

作为高校校园体育文化的主要载体之一，体育社团或者俱乐部能够满足不同学生群体的体育文化需求。高校应该根据自身的特点，积极探索出具有本校校园体育文化特色的"本土化"体育社团或者俱乐部。例如，地处东北的高校由于所处地域有着丰富的冰雪资源，可以开设一些和冰上体育项目相关的俱乐部或者社团。

五、拓展和创新高校校园体育文化活动内容与形式

"互联网+"时代的到来使得更多的全新体育文化信息能够在大学生中间进行传递。由于高校校园体育文化活动的内容和形式缺乏创新且过于常规化，所以学生常常会对其缺乏兴趣。因此，我们需要在活动内容和形式上对高校校园体育文化活动进行拓展和创新。我们可以将一些综艺节目中的互动游戏引入大学生体育文化节目录，比如撕名牌。这些活动除了有着很强的趣味性和挑战性，还能使学生跑动起来，因此深受学生的喜欢。除了撕名牌，像徒步、彩虹跑、户外拓展、跑酷运动都可以走进校园，成为"阳光体育运动"的重要组成部分，定能使学生眼前一亮，激发他们主动参与体育运动的热情，既提高了他们的身体素质，又发展了高校校园体育文化。

六、积极创建高校校园体育文化互联网平台，强化与知名网企间的合作

如今，信息技术和社会生活"互联网+"推动下不断地融合，网络信息呈现出几何倍的增长，这无疑给传统高校带来了新的挑战，同时开启了高校信息化建设的新征程，而智慧校园建设更是关键。目前，很多高校都建立了多种形式的校园体育文化网络传播平台，比如微博账号、微信平台，以加强校园体育文化的传播力度和广度，以及提高学校的知名度。高校还积极开展同NBA中国、阿里巴巴、腾讯等国内外知名网络企业的合作。这些举措都有利于高校校园体育文化的发展。

七、开拓校园体育文化发展的国际化之路

通过提高我国高校的开放程度，借鉴国外先进的校园体育文化模式和经验，结合我国的特点，活学活用，服务广大学生。与此同时，打造我国高校校园体育文化的品牌，积极走出去，使其成为我国高校国际文化交流中一张靓丽的名片，为我国高校校园体育文化的发展起到促进作用。

第六章　高校体育文化教育与传统体育运动

第一节　传统体育运动的体育文化教育优势

一、传统体育的概念和特点

(一)概念

传统体育主要指近代之前的体育竞技类休闲活动。传统体育作为民族体育的重要构成部分，是各民族体育活动形式的有效延续，组成当代体育的文化密码，是各个民族流传下来的宝贵遗产。[①] 传统体育也可以是特定民族在某一范围内组织的、至今依旧有影响的体育竞技类文化活动。[②]

(二)特点

1.民族性

传统体育文化的主要内核便是民族性，这也是民族传统体育的基本属性，它是对特定民族文化心理最高程度的抽象，其具有凝聚各族人民力量的功能。传统体育除了包含符合世界范畴内全部文化的规律和内容，还包含不同于其他民族文化的独特形式和内容，对团结民族成员力量、促进民族团结等方面都具有积极作用。

---

①郭敏进，孙伟. 论民族传统体育文化对高校校园体育环境建设的影响 [J]. 体育科技，2020(03)：60-61.
② 王琳琳. 民族传统体育文化对高校校园体育环境建设的影响 [J]. 体育世界 (学术版)，2017(07)：108-109.

2. 地域性

我国拥有辽阔的土地、复杂多变的地理形势及环境，各个地区的人们生活习惯、风土民情、兴趣爱好等存在巨大的差异，这就催生了各个地区独特的体育项目。例如，我国北方地区喜欢骑射、南方地区擅长泛舟，并且北方人通常以独立个体的形式参加体育运动项目，而南方人则多以集体组织形式参加体育运动项目。由此能够明显看出，传统体育具有地域性特点。

3. 传承性

不同文化都需经过长时间的融合、挑选、演变才能逐步发展成一种经典的、受大众喜欢和认同的文化形式，民族体育文化也一样。当一种健全体育文化得到有效的传承时，其基本内涵和形式便会在传承和发展过程中不断拓展、世代流传，这一过程充分增强了地区及社会的向心力，并且这也是传统体育文化可持续发展的实质和规律。

4. 多元性

我国疆土辽阔、资源丰富，56个民族为我国传统体育项目内容的丰富和拓展做出了积极贡献，每个民族因地理位置、生活习性、风土民情、宗教信仰等方面的差异导致其民族传统体育文化也完全不同。多元化的体育活动形式、丰富多彩运动内容是广大体育爱好者的荣誉及骄傲。20世纪90年代，我国相关文化探究者就进行过一次调查统计，全国范围内收集到的一千多个体育运动项目，且不同民族都有着自身独特的体育项目。

5. 娱乐性

相对于竞技类体育项目来说，传统体育有着明显的不同。传统体育以娱乐健身锻炼为重点，某些项目还带有特殊形式的文化活动。传统体育项目并没有竞技类体育项目那种激烈的场面，更

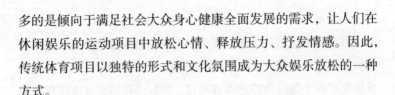

多的是倾向于满足社会大众身心健康全面发展的需求，让人们在休闲娱乐的运动项目中放松心情、释放压力、抒发情感。因此，传统体育项目以独特的形式和文化氛围成为大众娱乐放松的一种方式。

二、高校体育文化建设中借鉴传统体育的优势

（一）有助于传承中华民族文化

文化是一个多功能的体系。对于生物遗传来说，其依赖的是基因，但文化的传承需要依靠自身。将传统体育项目和高校体育实践活动结合起来有助于学生认识和深入了解特色的传统体育，促使其向社会化方向迈进。在高校日常体育教学中，教师应利用多种有效途径向学生呈现传统体育项目，为学生的学习提供广阔的空间和良好环境。体育教师还要在学生学习中积极引导他们进行讨论，深入挖掘传统体育文化的精髓，寻找代表性最强的体育语言和特色，培养大学生良好的道德情操。学生经过系统的学习后，既能够了解传统体育文化的相关知识，提高自身综合素养，增强民族团结和凝聚力，同时还能进一步推动传统体育文化的继承和发展，而这正是目前我国继承和弘扬中华优秀传统文化、提高民族凝聚力的主要任务之一。

（二）有助于丰富高校校园文化

正是因为地区生活习惯的差异，我国不同民族的传统体育项目包含的内容、表现方式、风格等也存在不同的特点。在分散、整合的过程中加以完善，衍生出崭新的文化形态，使其更加满足当代社会发展的现实需求。将传统体育项目融入高校体育文化教育中，可为学生带来精神和身体的双重享受，最大限度地提高他们日常学习和生活的乐趣，丰富高校体育教学内容和学生的校园

生活。与此同时，学生来自不同的民族和地区，他们为校园带来了特色化的民族传统体育项目活动，将其和传统节日、庆典结合起来，有针对性地开展和推广传统体育锻炼、教学、演出等，形成丰富多彩的校园文化活动，引导全体学生加入其中，这既能促进传统体育项目的宣传，也能强化不同民族大学生之间的文化交流和沟通，有利于民族之间的团结和协同发展，促进和谐校园的建设。

（三）有助于高校体育活动开展

当代竞技类体育项目因受到场地、器械限制、技术难度指数较高等因素的影响，无法满足高校体育活动趣味性及健身性的基本需求。[①]而传统体育项目则更加自然朴素、接近学生的日常生活，并且简单容易实施，有助于学生进行体育锻炼，激发他们参与体育活动的热情和积极性。开展传统体育活动让学生加入其中，可让他们深切地体会到体育运动的重要性和深刻内涵，能够促进他们的健康成长，促进他们参与体育活动的积极性。另外，高校领导和体育教师应将培养学生终身体育意识作为教学的重要目标，而这也充分体现了民族传统体育的本质。当代大学生目前正处在身心发展的重要阶段，拥有旺盛的精力和充足的体力，让他们了解自身的不足和优势，从而使其正确理性地看待自己，进一步完善自我。这种自我了解、自我发现、自我提升的过程在一定程度上有利于传统体育文化的继承和发展，也有利于学生养成良好的锻炼习惯。

---

①王莹.高校体育教学与传统文化教育融合发展的研究 [J].湖北科技学院学报，2015(01)：93-95.

三、基于传统体育的高校体育文化教育建设之路

（一）坚定高校体育物质文化建设

为了有效弘扬传统体育文化，高校应努力推动自身体育物质文化的建设。高校体育场馆和基本设施建设是校园体育文化建设的重要内容，体育设施的良好布局有助于美化校园整体环境，也有助于营造浓厚的体育文化氛围，为传统体育文化的弘扬提供有利的物质保障。[①] 对于体育场馆的建设和布局，应注重和学生之间的距离，便于他们参与各种体育活动，满足他们健康发展的现实需要，同时也进一步促使传统体育项目的革新。高校体育物质文化的建设是促进传统体育发展的重要力量，为了更好地继承和弘扬传统体育文化，高校应加大投资力度，将物质文化建设的各项工作落到实处。

（二）大力推广传统体育项目

传统体育活动项目是我国传统文化的有效载体，这些宝贵的文化遗产不应被西方竞技体育同化。想要开展区域性传统体育项目、发挥各地高校的显著优势，就需要结合本地传统体育文化的特点，运用当地独特的资源优势开展丰富多彩的传统体育项目。例如，太极拳、木兰拳、太极剑等可依据当地的文化特点来选择相应的传统体育项目进行教学。高校应尽可能挑选地区文化特色鲜明、民族性较强、娱乐性较高、形式新颖、易被师生所喜爱的体育项目。有效继承和弘扬传统体育项目有助于增强广大学生对中华民族传统文化的认同感，激发他们的爱国主义精神，同时深化师生对传统体育文化的认知与了解。

①杜兵."弟子规"：我国传统文化与现代体育教育理念的融合 [J]. 未来英才，2017(11)：255.

（三）打造传统体育优质师资团队

打造传统体育优质的师资团队，关键是要强化对传统体育理论知识学习、实践运用及学科体系发展等方面的探索。高校应积极拓展传统体育和院校体育教学范围，可专门增加传统体育课程，并在校内公共体育课程中融入传统体育的相关内容。另外，高校也可利用开展各种培训班、短期学习课程及研讨会等形式来提升校内体育教育工作者的理论和技术水平，提高他们的综合素养。高校还要高度重视传统体育的科学研究工作，构建科学有效的学科评估机制，推动体育教育工作者开展理论创新工作，促进师资团队的结构调整和重构，制定教师进修和学习保障制度，改善校内民族传统体育教学人力资源。

（四）积极革新传统体育文化

在继承和弘扬民族传统体育文化的过程中，高校应遵从理性继承、合理摒弃的基本原则，对民族传统体育文化进行创新性和针对性的弘扬。应秉承积极改革、不断创新的先进精神推动传统体育事业的发展。传统体育主要是在中华传统民族文化下诞生的，因而不可避免地会受到其影响和熏陶。因此，传统体育在当代社会中的发展，实际上就是传统文化革新的过程。继承和弘扬传统体育、构建高校体育文化，需要高校运用创新理念，结合具体情况，不仅要保留传统的有利资源和深刻内涵，还要汲取当代质量和精神。

（五）健全体育事业发展规章制度

高校体育文化的建设应该结合自身的具体情况，制定并完善体育各项规章制度。建立高校体育规章制度，首先是为了完成教育部门布置的体育教学任务，进一步促进体育锻炼、比赛及大众体育活动的顺利开展，其次是为了充分继承和弘扬传统体育文化。高校应构建符合自身发展的体育师资团队培训、体育基本设施建设、体育课程设定等方面的规章制度，不断完善和优化高校体育事业的各种规章制度，以此来规范校园体育文化建设工作，使其能够有章可循，最大程度地发挥校园体育文化部门的基本职能，构成科学、严谨的组织和管理系统，为弘扬优秀传统体育文化贡献积极的力量。

（六）深入贯彻传统体育文化理念

高校在建设校园体育文化的过程中，应将传统体育精神融入其中。首先，应转变过去以竞技类体育为重点内容的体育发展模式，构建以多样性、民族性、开放性、当代性的文化精神为核心的体育文化思想，在有效渗透传统体育要素的前提下，大力发展极具当代精神的高校体育事业；其次，高校应该培养教师和学生的道德观念，在民族体育实践活动中营造一种精神鼓励的氛围，培养广大学生理性思维，帮助他们健全人格，进而树立良好的体育意识和体育观念。传统体育可以拓展校园体育文化生活，对学生的道德素养具有积极的促进作用，特别是其中蕴含的内外兼修的积极思想，更有利于高校体育文化价值观念的建设，有利于完善高校体育文化的形态。因此，高校应积极加强宣传，让这种思想理念深入人心。

第二节　健康中国战略下高校体育文化建设的新思考

文化是社会学的一个重要研究对象。体育文化的研究涉及体育观念、体育态度、体育情感、体育伦理等。大学生群体是我国国家建设的主力军，体育文化的时代性和继承性在实践的过程中要求高校对他们进行体育文化的培养，以体现目前这一时期我国体育政策实践对象的广泛性。继2012年《国务院办公厅转发教育部等部门出台的关于进一步加强学校体育工作若干意见的通知》出台之后，2014年出台的《关于加快发展体育产业促进体育消费的若干意见》同样引发了广大体育工作者的热议。新华社为此是这样评论的：从以往的注重"金牌体育、竞技体育"向注重"全民体育、大众体育"的转变是体育文化功能追求的长期价值。2016年，中共中央、国务院印发了《"健康中国"2030规划纲要》，为我国健康事业的发展定下了主基调。

一、体育文化的功能

文化具有历史发展性、传承性、导向性等功能，本节我们着重从这几方面对高校体育文化发展策略及创新路径进行探讨。

（一）体育思想的传承性及发展性诠释了体育的社会本位价值

中华民族传统体育文化经过长期的发展，以哲学"天人合一"的具体体现注重武术发展这一基础，推崇武术中的礼让、谦和，以整体发展为主，追求修身养性、忽视运动胜负的体育价值取向。近代，有伟人指出，"发展体育运动，增强人民体质"，这是体育在教育方面被重视的一方面。而今，研读《奥林匹克宪章》可以看出，奥林匹克是一种生活哲学，体育运动是一种生活方式。古代体育、近代体育、当代体育发端于不同的社会、经济、政治、文化背景，但从历史上演变下来的对儒家"内外兼修"的个人发展的体育观与奥林匹克运动倡导的促进人的身心发展、人与自然和谐共生等不谋而合。归根结底，体现的是文化的传承，大体育文化观。

（二）校园体育文化具有导向性作用，能够指导校园体育实践

古代儒家思想曾提出"格物、致知、正心、诚意、修身、齐家、治国、平天下"这样一种由小到大，由个体至群体的社会现象的总体概括，其所体现的社会人格同今天奥林匹克运动中"尊重基本公德原则为基础的生活"中所体现出的道德规范的高度一致，以及"以友谊、团结和公平的精神互相了解的体育活动来教育青年，从而为建立一个和平更美好的世界做出贡献"。奥林匹克运动教育有利于大学生德、智、体、美的整体发展。2015年的自行车比赛中，位列第一的选手爆胎后，只能扛起自行车赶往终点，第二名选手始终不紧不慢地跟在身后，并没有乘机超越。这其中体现的奥林匹克精神是值得大家深思的，而早在2000年的奥运会，中国花剑选手面对对手的意外受伤而停止攻击，虽败犹荣。这是我国青年对当代奥林匹克精神的诠释，是对我国优秀传统文化的继承与发扬。当今社会发展，是大数据时代，高校学生面对形形色色的诱惑，在现代校园文化建设中注重体育文化的发展，有利于发挥体育教育价值、丰富教育手段、提高学生体育文化素质、塑造学生文化性格。

（三）高校体育文化的发展性作用体现

文化育人，文化的发展种类，亦像个体的人发展一样具有多样性。每一种文化会有不同的表现形式。古代体育中，比较注重体育伦理文化及道德教育；近代，出现了西南联大似的整合后的体育文化；现代，体育教育又体现出既重视形又重视神的文化特点，如清华体育文化的构建。整体来说，体育文化有一定的发展历程，体现出了发展性。特别是2008年北京奥运会"科技奥运，人文奥运，绿色奥运"理念的提出，2016年《"健康中国"2030》这一指导性文件的颁布，为后奥运时期的学校体育发展，学校体

育文化氛围的建设以及对高校大学生这一特定对象群体的教育功能的发挥起到了发展中所形成的紧密联系实际的体育文化的即时指导作用。[①]

二、高校体育文化发展和创新面临的困境

体育文化的发展对高校大学生的教育功能具有特殊性，但高校扩招以后，随之而来的高校体育基础设施不足，用于发展体育文化的资金不足，功利性教育中，管理者对体育的不重视等问题，制约了大学校园体育文化的发展，不利于其进一步发挥价值。现有高校体育教育课程设置从体育文化发展的时代性这一点来说，远远跟不上时代发展的步伐。从 20 世纪 70 年代西方实用体育发展演变而来的体育教育模式已达不到当代年轻大学生的需求。从小学课程到大学，存在体育课程内容无区分，内容重复，体育教育教材项目西方化等具体问题，可以看出高校体育文化创新缺少相应的长效机制。难以有效贯彻"全民健身计划"，实施"素质教育"，亦难以培养学生终身体育意识并通过体育教育内容的提炼，构建具有教育性的校园体育文化发展体系。体育教育、竞技体育、群众体育发展不平衡问题，是中国体育界长期以来就存在的大问题。"金牌效益、以夺冠为导向"的竞技体育的发展方针，制约着体育教育、群众体育发展方针政策的制定与实施，制约着对体育教育、大众体育的经济投入。因此，当今的校园体育文化，缺少独立性、创新性、可持续发展性，抑制了其教育功能的发挥。校园体育社团建设机制与发展模式缺失。高校学生体育社团是近几年来传播校园体育文化的重要载体，是学生体育课

---

①刘荷芳 . 传统茶文化与高校体育教学相融合的研究 [J]. 福建茶叶，2016
(11): 389-390.

程之外，体育文化发展的又一途径。但是各高校对体育社团的建立与发展在组织管理、制度建设、资金投入、发展评估等方面存在问题。要么任其发展，要么过度限制，从体育文化创新载体这一方面制约了体育文化的发展。

三、大学体育文化发展及创新途径

文化创新包含着丰富的内涵。对高校校园体育文化创新途径的研究，可以从校园体育文化观念创新、体制创新、科技创新入手，结合现阶段高校体育发展的实际，以提出切实可行的发展路径。具体可从群众体育整体要求出发，对文化的构成、体育文化的建设、校园体育文化的特色等进行剖析。

（一）体育观念的创新是高校体育文化创新的基础

后奥运时期，国务院相继出台的相关政策，体育发展战略的转移，体育文化产业化，体育文化发展模式化，中国体育文化与世界体育文化的融合、交流、互促发展的问题逐渐受到重视。高校体育作为学校体育的重要一环，在教育过程中必不可少。"健康中国" 2030 目标的提出，更是将体育教育，特别是高校体育的重要性提到了一个空前重要的高度。基于观念的转变，落实学校体育科学发展方针政策，将有利于体育文化创新在制度方面的建设。

（二）体育文化的研究方法模式化，体育文化研究视角的独特及多样化有利于文化研究的与时俱进

传统体育文化精华和糟粕共存，在学校体育的发展过程中，融合创造、中西交流非常重要，在思想的碰撞中达到理论创新的目的。这一做法有历史渊源，在抗战时期，清华、北大、南开这三所大学共同创造出的西南联大体育，在特殊的战争年代，形成

了对 20 世纪 30 年代的中国体育界有较大影响的实用主义体育思潮。可以看出，从文化人类学的角度出发，针对高校大学生这一特定群体，关注传统体育文化的积极作用，特殊时期体育文化发展的特点，现阶段体育文化发展的机遇，在大学体育课程设置中将民族传统体育项目与竞技体育项目互相结合起来，使高校体育文化与竞技体育、群众体育文化建设横向研究结合校园体育文化发展历史这一纵向方面的研究，以创新校园体育文化的研究方法与视角。

（三）体育文化创新与文化软实力提升的协同研究

当今世界，"软实力"发展越来越重要，是衡量国家及地区发展的重要指标之一，文化软实力的发展有利于提升国家及地区的竞争力。体育文化创新的策略研究同文化软实力提升的策略研究相辅相成，能够和谐统一到校园体育文化研究中。在当今经济飞速发展的这一历史条件下，将竞技体育、大众体育、校园体育的研究整合，很好地注重了体育文化软实力研究的整体性，加强校园体育文化研究的个体性，共建文化价值提升长效机制，有益于自下而上、从局部到整体增强我国的文化竞争力。

（四）从体制机制建设方面进行大学体育文化创新，保证体育物质文化建设与精神文化建设具有完整的体制机制保证

划分区域，以地方高校体育院系体育文化建设带动区域体育文化建设，增强体育文化的感染力及体育项目实施所特有的凝聚力；构建传统体育赛事的交流与合作机制，统筹社会力量，发挥校园体育运动与特色传统体育项目优势；发挥政府的统筹作用，共建以体育为媒介的交流合作平台，将体育科学研究中产学研项目落到实处。高校体育文化建设过程中，注重强调学生主体作用，发挥学生的主观能动性；在体育社团的管理中，学校团委等

机构适当放权，丰富完善学生课余生活的同时，体现体育文化创新过程中大学生的作用。在放权的同时，完成监督、评价、宏观管理等系列职责。

要实现《"健康中国2030"规划纲要》的建设目标，体育文化影响力的发挥与中国传统体育文化对世界文化的渗透力的激活并行不悖。在中西文化交融的过程中，真正得以持续健康发展，发挥校园体育文化作用的是校园体育文化自身的振兴。发挥校园体育文化的传播、传承功能，将民族传统体育的优秀文化与现有校园体育文化结合起来进行创新性的诠释，可以充分发挥体育软实力的作用，能够为建设社会主义体育强国，促进人类社会的和谐发展做出学校体育应有的贡献。

第三节　体育文化教育与通识教育的融合创新发展

一、体育文化教育和通识教育融合的意义

（一）传统体育文化融入体育文化教育和通识教育，对高校学生的健康管理有着积极的作用

将高校体育文化融入高校体育文化教育和通识教育之中，不但能够推动高校体育文化的发展和传播，还能够促进学生提升自身的身体素质。体育教育的核心是体育文化教育和通识教育，它们相互作用，只有加强体育文化教育，学生才能注重自身身体素养和健康水平，进而将体育运动前热身活动、形体着装等准备活动落到实处，从而更好保障学生的健康，完善学生的健康管理。因此，将体育文化融入体育文化教育和通识教育已经成为必然趋势。

（二）传统体育文化融入体育文化教育和通识教育，拓展高校传统体育空间

在传统体育文化教育和通识教育开展的过程中，高校对传统体育的发展建设越来越重视。可以说在两者融合发展建设中，已经实现了传统体育发展的综合性建设，并且在传统高校体育建设工作开展中，已经形成了以传统体育文化教育和通识教育为基础的体育建设事业，为传统体育活动的建设和开展提供了丰富的活动开展空间。在我国当前体育事业建设和发展中，已经按照高校学生体育健身活动开展中的要求，对高校传统体育事业发展做出了全面调整。通过相关活动的调整，为体育运动发展融合提供保障，全面整合高校体育发展与传统体育文化教育和通识教育发展之间的关系。特别是在党的十九大工作会议中，更是对高校传统体育发展和高校传统体育文化教育与通识教育的发展提出了新的要求，只有科学地调整两者融合发展的对策，才能提升传统体育发展的空间。

二、传统体育文化教育和通识教育融合的路径

（一）整体融合创新发展，促进传统体育文化教育和通识教育的融合

马克思曾说过："问题就是公开的、无畏的、左右一切个人的时代声音。问题就是时代的口号，是它表现自己精神状态的最实际的呼声。"当今中国优秀传统体育文化继承发展所面临的主要问题是，拥有数千年实践运用留下来的经验精华，却难以转化为现代科学理论、语言体系、教学方法进行弘扬，服务大众。一项体育运动能够存在，都有其必然性。现代社会飞速发展，人们生活节奏日益加快，西方的很多体育项目具有短、平、快，易量

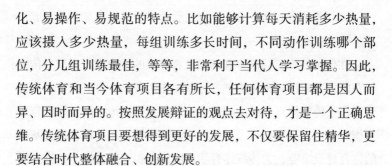

化、易操作、易规范的特点。比如能够计算每天消耗多少热量，应该摄入多少热量，每组训练多长时间，不同动作训练哪个部位，分几组训练最佳，等等，非常利于当代人学习掌握。因此，传统体育和当今体育项目各有所长，任何体育项目都是因人而异、因时而异的。按照发展辩证的观点去对待，才是一个正确思维。传统体育项目要想得到更好的发展，不仅要保留住精华，更要结合时代整体融合、创新发展。

（二）组织多种高校传统体育活动，促进高校传统体育文化教育和通识教育的融合

大学体育课程需要考虑专业人才培养的问题，对于包括高校自治区域及高校聚集地区的高校而言，这个问题更是非常重要。高校利用本土资源开展校本课程建设，可以对专业管理人才进行有效培养。为了保证高校体育项目能够传承有序，规范发展，弘扬壮大，必须要有专业的管理人才作为保障条件。组织多种高校传统体育活动，可促进高校传统体育文化教育和通识教育的融合。而专业人才的培养需要专业的机构承担，高校体育专业的师资无疑是最好的选择。高校可以通过承接或者参与高校运动会的方式来承担专业人才培养的工作。

（三）坚持体育文化在校园体育运动中的可持续发展，促进高校传统体育文化教育和通识教育的融合

体育活动是一项需要综合能力较强的运动。在体育活动中，学生需要掌握的不仅仅是出色的运动技能和技巧，还需要有足够的团队合作精神，在竞技场上，还需要学生具备"胜不骄、败不馁"的强大心理素质。如果在一个学校当中能够培养出氛围足够浓厚的学校体育文化，学生就能够在学校当中开展足够多的学校体育活动，在这样的运动中，学生之间能够彼此训练、配合，逐

渐掌握团队合作的要领和实质。与此同时，学校还应该定期举办以体育活动为主题的文化活动，这些活动能够使学生对体育活动的精神有进一步的认识，进而将体育活动上升为一种具备精神和灵魂的竞技运动，使学生能够从中受益。

第七章　高校体育文化教育与休闲运动

第一节　休闲运动的兴起与发展

从史学沿革的视域来看，休闲运动作为独立概念真正为人们所熟知，是人类社会发展到现代文明才开始的。仅从休闲运动概念形成和演进的角度来看，休闲运动绝对是现代社会的产物。但是我们深入探究其表述事物的实质，就会发现它早已经存在于人类社会之中了，并在人类文明发展的同时实现着自身的不断完善和丰富。这种事物的实质就是运动性游戏，一种源于人之本能的身体活动，是人类一切休闲活动的鼻祖。运动性游戏的演进寓于人类作为社会群体的不断成长的过程中。最初的运动性游戏活动完全凭借的是人类自身的肢体活动，之后逐步发展为利用某些特殊工具（比如狩猎工具）来完成寻找食物等目的。[①] 经过岁月的洗礼，逐渐成熟的人类通过总结实践中的经验，开始为自己设计更有利于在运动性游戏中获得良好收益的专门性器具，现代运动的雏形由此得以窥见。在由单纯肢体运动到以人造器物为媒介发展中，不仅展现的是休闲运动的物态层面演变，还体现了具有不同时代特点的行为模式。由此可见，运动性游戏的演变和人类文明程度及文化发展有着密切的联系。很多现代社会的行为活动在还没有分化之前都是人类休闲运动的一部分。当人们探索和研究某

---

① 杨静，田慧. 休闲体育与高校校园文化建设研究 [J]. 江苏高教，2017(03): 105-107.

类文化现象起源时，往往把游戏这种最为原始的休闲运动摆在十分重要的位置。正因为这样，在生产力发展水平不足的时期，人们除了基本的采摘可食植物及狩猎等具有明显生存目的的行为活动外，其他活动几乎都可被视为现代意义上的"休闲运动"。历史的车轮不断转动，带来的是人类文明的进步与社会的发展，原有的休闲运动逐渐演变并分化开来。因此，自远古而来的"休闲运动"在人类社会中具有其存在的必然性，其不断分化为现代社会的各类休闲运动奠定了基础和发展途径。

在原始社会"狩猎—采集"的生存模式中，人们完全仰赖简单的行为获得自然界已经存在的物品，满足自身的生存需要。在没有丰裕物质和创造力匮乏的条件下，原始人类主要采取与其他灵长类哺乳动物较为相近的行为活动打发满足生理需要后的时间。这类行为活动大多以生存劳动的技能技巧为主，与人类的生存劳动方式关联密切。当农耕文明登上历史舞台，人类在农业社会中的定居生活中迅速成熟，农耕养殖活动带来的物质极大丰富推动了人类文化的加速发展。生产方式的转变带来了生活方式的变革，农作物相对规律的生长周期带来了人类活动的节律性，生活节奏趋于稳定，劳动外的社会交往与生活行为明显增多。劳作后的余暇时间里，人们的行为不再以劳动技巧为主要活动内容，更多带有创造性的休闲运动开始出现，极大地展现了人类的想象力和创造力。工业革命的到来引发了生产方式的彻底变革，并由此带来人类生活方式的根本性转变，打破了延续近万年的由农耕养殖活动形成的社会关系，社会在短时间内被重构与改造。大机器代替人力的生产方式将人们集中限定在某些环境中，使生活方式变为城市化、带有特殊节奏的模式。这一时期的休闲运动基本方式受工业繁荣的影响，迅速与工业特色产品相互联系，人们创造出了众多人文色彩浓厚、带有时代特性的休闲活动方式。人类休闲运动与劳动和军事等方面长期、不可分割的联系被打破，打造了人类文明中相对独立的休闲运动体系。这一体系为现代人们的运动提供了最直接的借鉴与参考，许多运动项目更是深受人们喜爱，在自身的不断完善中延存至今。值得一提的是，这为丰富的人造器具、场地种类，也为这一时期的休闲体育文化迅速兴盛提供了物质基础。后工业时代的人类社会，因生产方式与社会水平的发展，渐进式地超越了原有的资源短缺社会，达到了相对富足的发展程度。从社会学的角度来看，人们处于这种发展阶段的社会中，物质条件和生活水平相对较高，也拥有可供消费的自由支配时间，具有根据自己的价值观选择自身喜爱的休闲运动的基本条件。也就是说，物质生产水平的高度发展带来的是体育在物质层面的丰富，在此条件下人们是否会热衷于休闲运动取决于主观意识的抉择和对价值取向的认知。与此同时，现代社会在制度层面给予了休闲运动前所未有的支持，这些因素在推动休闲运动文化繁荣的过程中都起到了不可磨灭的作用。

第二节　休闲运动的文化与含义

一、相关概念

（一）休闲

休闲，作为一种社会文化现象与活动，在人类几千年的文明演化过程中一直具有极为突出的文化价值，并在人类不断自我发展和完善的过程中占据了重要地位。Geoffrey Godbey(杰弗瑞·戈比)认为，休闲是一种生活，一种由物质及文化环境等外界压力中解脱的具有相对自由的生活，人们处于休闲之中，出于完全的内心驱动状态，能够本能地寻找自己所喜爱的并使自己感到有价值的行为。[①] 人们期望通过对余暇时间的合理有效利用来提高身体素质、丰富精神世界、改善不良情绪、塑造健康人格。休闲活动的产生有其必然性，由多种因素共同促成。其外部因素涵盖了充足的余暇时间、一定的物质基础、相对成熟的生产工具和方式等，其内部因素主要是人的个体需求。

(二) 休闲运动

休闲运动，一种文明而又健康的生活方式，不能被简单地解释为"空闲时间"中进行的"自由身体行为"。休闲运动的前提是人们具有一定的可自由支配的余暇时间，也就是人们在满足基本生存需要之后，对行为能够自主选择的时间。在这一前提下，参与人群不以功利性目标为目的，仅为获得身心愉悦进行具有明显游戏性和娱乐性的身体运动，并在活动中实现放松身心、释放压力的效果。当然，并不是在休闲时间内参与的所有体育活动都可被称为休闲运动。这种认知反映的是对休闲运动心态理解的缺失。休闲运动是一种生命状态，具有休闲运动的心态是真正实现休闲运动的重要保证。只有当参与者内心更为注重休闲运动参与过程中的娱乐性，并弱化竞技注重实效，才能真正地将在闲暇时间内自主参与的身体活动称为休闲运动。

(三) 休闲运动文化

休闲运动文化融汇着休闲与体育两大领域的精髓，在人类社会文化建构体系中占有重要位置。从其字面表述就可看出，休闲运动文化是休闲文化与运动的交叉点，其在展现休闲文化特色

---

①关倩倩，伏静.休闲体育对高校校园体育文化建设的影响 [J].西部皮革，2016(22)：294.

的同时带有明显运动文化意蕴。以不同文化间外延交点的视角审视休闲体育文化，可以将其理解为人们通过体育运动的方式，在休闲实践过程中创造并共同享有的、关于这一社会现象的物质实体、价值观念、制度规范及其行为方式的总和。① 这种表述方式直观把休闲运动文化在不同层面的主要内容加以罗列，系统而准确地体现了各内容和整体之间的从属关系。在此种表达中，特别强调了休闲运动中的"共同享有"，阐明了休闲运动文化源于社会、惠于民众的特点。具体说来，休闲运动文化蕴含了休闲运动过程中以场地器材为代表的物质实体、以人们的认识和取向为主的价值观念、能够展现社会发展程度的制度规范体系、兼具自然与社会双重属性的行为方式等四个层次。物质实体，作为休闲运动文化产生的基石，是一切意识形态的源泉，亦是反映休闲运动文化最终成果的一种途径。社会整体的价值观念影响着休闲运动文化的发展、决定着制度规范体系的性质。人们的价值观念在很大程度上影响着和休闲运动文化有关的制度体系构建。和休闲运动文化发展过程中实际需求相符的制度规范在促进文化繁荣方面卓有成效，对于行为方式的选择与实施，集中展现着当世人们对休闲运动的认知和感受，是构建休闲运动文化最直接的手段，向物质实体传达着源自意识形态最直接的反馈。其明显的系统性将存在差异的不同层次内容有机地结合起来，在不断优化休闲运动文化对社会发展的促进作用。

---

① 王保军.基于文化社会学视角的当下休闲体育文化探析[J].体育与科学，2011(03)：76-78.

二、休闲运动文化的功用

(一)激发人们良好休闲意识的觉醒

人的自身活动是休闲运动仰赖的基础，人体通过完成基本活动动作展现休闲运动的意蕴，使本体获得由肌肉到心情的解脱和愉悦。休闲运动囊括了许多运动项目及各类延伸运动方式，使其能够在尽可能大的范围内满足不同社会人群对"玩"的需求。"游戏"是人们在面对"玩"时最为普遍的选择。一般意义上的游戏是一种伴动物而生的现象。在自然环境中的动物世界里，相熟的动物个体在彼此都熟悉的生存环境中会因天性而进行玩乐、戏耍，这是出自本能的一种自然现象。随着人类的智力和行为能力逐渐高于动物，在人类社会中，原有的"游戏"逐渐被真正地创造成一种相对成熟的活动。这种活动不仅保留着出自动物本能的特质，还包含着人类为自身生存和发展所进行的创新。特别是在客观条件相对落后的原始社会和奴隶社会，"游戏"是人们对自身生存技能和智力的提升过程。游戏是休闲运动最初的体现，也是最具本质的体现。尽管有些游戏演变至今呈现出轻体育、极限运动等不同类型，但是都能够从不同程度满足人们的玩乐需求，使人们享受其中。在很多休闲运动的过程中，行为层面上展现的参与者从活动中获得的身心自由感和精神满足感是不完满且不完整的。例如，对于一些极限运动而言，旁观者只能看到参与者忍受生理或者心理极限时展现的部分痛苦和挣扎，但在这种外表反映下却蕴含着参与者本人才能体会到的畅爽和自在。休闲运动文化在衍生之初体现的是社会成员的旧有意识，带有当时社会的特色。在时代发展的推动下，社会成员思维嬗变现象明显，休闲运动文化在这个过程中与其他文化共同起到了构建社会新意识取向的功用，使社会成员适应社会变迁中正常实践活动的需要。例如，不同社会文化背景的人来到异域，或是对某些意识与观念明显有别于目前社会环境的成员，休闲运动文化的感召是减少其个人原有心理习惯、思维模式、行为方式等与整个社会产生矛盾冲突或不和谐之处的有效途径。特别是处于社会生活风尚中的休闲运动文化因素，在潜移默化中对本社会成员的思维意识和观念进行改造、教化和约束，使他们的行为趋向社会的一致和谐。一旦社会的某种行为规范或意识形态得到绝大部分社会成员的接受和认同时，社会成员就会在不知不觉中做出与这一规范或意识要求相一致的选择，如果出现违反的情况，会产生内疚、不安或自责的情绪，并对自身行为进行自觉修正。从这个角度看，休闲运动文化具有某种程度的改造性和强制性。以能够影响社会意识演变为基础，休闲运动文化在社会发展中所散发的正能量是社会意识良性发展的重要保证。休闲运动文化作为社会共同的取向，并不对社会成员有具体的、相对清晰、条令性的要求，而只是一种软性的理智思维约束。它通过社会的共同意识不断地对社会成员意识进行渗透和内化，使社会自动生成一套自我调控机制，以"看不见的手"操纵着社会的管理行为和实务活动。管理以尊重个人情感及思想为基础，是无形和非正式的控制，会使社会发展前景与目标自动转化为社会成员个体的自觉行为，达到个人发展与社会发展在较高层次上的一致。休闲运动文化具有的这种软性约束和自我协调的控制机制，经常在促进社会意识良性演变的过程中具有比硬性规定更强更持久的控制力。

（二）促进人类科学休闲价值观的形成

任何一个社会总会将其成员共同认为最有价值的对象作为社会发展的最高目标、最高信念和最高理想。一旦这种对象成为本社会内成员行为的共同价值观，就会构成社会内部强烈的整合力与凝聚力，成为统领社会成员日常行为并被共同遵守的行动指南。休闲运动文化是以文化形式出现的社会管理方式。换句话说，它以柔性而非刚性的文化层面引导，构建起社会内部合作、奋进、友爱的文化心态环境，协调人际关系，打造和谐的社会氛围，自动调节社会成员心态，通过对此文化氛围的心理认同感逐步内化为社会成员的主题文化，以此获得社会科学休闲价值取向的一致。值得一提的是，作为人类生命自觉行为的休闲运动，经历了从生理体能的要求，到生存消费的需求，再到文化精神的诉求的复杂过程，也就是从物质需求满足后向精神需要的飞越。它实际上是以人的价值意识主导人的自身生命活动以及调节自身社会关系的过程体现。加之休闲运动文化自身所具备的体育性和人文性，使其在引导社会价值取向时，总能将相对积极的、符合历史发展的取向传送到人们的面前。因此，休闲运动文化以其柔性的文化特征在引导正确的社会价值取向上有着重要的意义。

（三）确保优良社会休闲文化的传承和延续

事物总是处于运动和发展的过程之中，休闲运动文化也是如此。休闲运动文化的自我深化和更新是一个良性循环的过程，同时也能够推动社会休闲文化本身的上升发展；反之，社会休闲文化的进步是触发休闲运动文化自我丰富和升华的一大关键。这种相互促进的关联，使休闲运动文化成为保证社会休闲文化完善的重要因素。现代社会中，许多体育项目都被作为休闲的途径，其中既包含不同国度的特色项目，也包含传统和现代不同时期的项目。体育项目在现代社会中的国际性发展决定了其具有兼收并用的特点。体育活动作为能够满足人们生理和心理需要的、文明而健康的休闲方式组成要素，无论其源于何处，有着怎样的文化背景都很容易为广大社会成员所接受。各类文化以此交融、消除隔阂、减缓摩擦，更为合理而有序地构成了社会文化及人类文明的整体。休闲运动文化的形成是一个复杂的过程，经常会受到自然、社会、人文等多重因素的干预和影响。因此，休闲运动文化的形成与塑造不是一朝一夕就能实现的，必须经过耐心的培育和长期的倡导，以及在实践中不断地总结、提炼、修改、充实、提高、升华，最终形成相对固定、为社会成员所接受的、优秀的休闲运动文化。休闲运动文化一旦形成就会具有自己的历史延续性，且持久不断地发挥应有的作用，而不会因社会领袖的更换立即呈现质的变革或消失。因此，休闲运动文化是确保社会休闲文化持久完善的一大动力。

(四) 推动人类休闲文明的和谐化进程

人类文明的和谐涵盖人与人、人与社会、人与自然等多方面关系的全方位融洽。和谐，意味着系统内每个因素的均衡、和美、协调。休闲鼓励人们去寻找能够挖掘自身潜力和实现个人愿望的业余爱好，从而避免线性生活方式带来的生理和智力的衰退。[1] 以身体活动为主要方式的休闲行为不仅可以对人的智力和文化予以补充，还可以促进人的全面发展，使人成为真正意义上的人。就休闲运动文化在社会发展进程中展现的和谐意义来说，它是人类文明中心的生活方式，人在此生活方式下对物质摄取更为理智与通达，社会责任感变得强烈，以创造性的行为表达自身的追求和理念，最终实现人、社会、自然的和谐状态。因此，休闲运动文化是促进人类休闲文明和谐化发展的重要动力，能够引导社会成员合理安排自由闲暇时间，摒弃落后、愚昧、不良的

----

[1] 滕金丽，张静.休闲体育对高校校园体育文化建设的影响[J].少林与太极(中州体育)，2016(01)：22-25.

休闲习惯和方式，自觉抵制精神污染，形成合理且科学的生活习惯。与过去比起来，现代休闲运动更加重视积极的人生态度在活动中的展现和传播，快乐至上的理念贯穿现代休闲运动的整个过程。现代休闲运动对于规则和参与者技术要求的适度弱化，在增强活动娱乐性的同时，极大地提升了参与者的主体愉悦感受。快乐畅爽的身体运动过程中，原有规则和技术的文化压力被有效缓解，参与者出于自愿感受到极有限的、保证活动顺利进行的束缚。快乐至上的休闲运动理念是对现代社会生活压力的有效释放，进而在打造现代人的人生态度中产生积极影响。人类文明的发展在将人类文化性演绎到极致的同时，导致人们身体机能的自然性退化，现代文明病就是在这种退化中出现的具有时代特点的一类慢性疾病。现代文明病泛指不以细菌或病毒的感染为起因，受生活压力、紧张情绪等精神因素影响，加之营养失调、缺乏有效运动等不良习惯，长期积累形成的代谢疾病。现代社会中，文明病的影响不仅表现在耗散人们的机体健康，更为严重的是其在精神层面的毁灭性影响。不可否认的是，现代文明病已经成为人类健康和全面发展的巨大威胁。在现代文明病面前，以休闲运动为具体表象的身体运动，以其特殊的行为模式成为人类阻止机体自然性退化的重要途径。有效的休闲运动不仅能够提升人们的身体生理机能指标，还能够缓解人们长期压抑的精神，将生活中的压力释放出来，这是人们在其他行为模式中无法获得的感受。

第三节　休闲运动与高校体育文化教育发展路径

一、影响高校体育文化教育发展休闲运动的因素

(一) 体育课程设置不够合理

目前，高校体育课程设置已不适应时代和教育发展的要求，笔者走访了一些高校的专家学者，他们都认为本校包括所了解的国内大部分高校的体育课程内容已不适应大学生的身心发展特征和需要，远离学生的生活经验，忽视了大学生学习兴趣和体育能力的培养，与终身体育脱节。体育课程的实施过程以教师、竞技运动为中心，学生的主体性、创造性难以发挥；体育课程学习评价过分注重学生的体能与运动技能，而且评价标准"一刀切"，采用绝对性评价，导致一些学生对体育课产生害怕，甚至厌恶情绪，并使大多数学生体验不到成功的乐趣；体育课程管理过分集中，不能适应我国各地、各校经济、教育、体育发展的实际与需要。从实际情况来看：随着年级的增高，喜欢上体育课的学生越来越少；学生中喜欢体育但不喜欢体育课的人越来越多；学生的体质水平也有所下降，很多学生和教师对目前高校体育课程的现状并不是很满意。

(二) 国家及地方关于休闲体育的扶持力度不够

现阶段，高校体育工作的重点是促进学生的全面健康发展，激发他们的运动兴趣，培养他们良好的体育锻炼习惯和终身体育的意识。要实现这一目的，仅仅依靠高校的力量是很难的，国家及地方在体育运动方面的扶持力度仍比较欠缺。我国俨然跨入了体育大国的行列，尽管提出了体育大国的发展目标，但在实际操作中存在误差。笔者访问的几所高校在争取政府对其体育的投

入资金上都很有限，都期盼借助竞技体育的东风来谋求政府的扶持，而部分高校扶持资金较难落实到位。这就需要政府加大对高校体育的重视力度，加强专项资金的支付能力，充分利用社会福利彩票、体育彩票筹集的资金，保障大学生享有基本的休闲体育权利和公共服务义务，实现小康社会里休闲体育对全民的关爱。与此同时，政府应当采取一些有效的措施，比如充分挖掘现有体育设施的功能，免费开放一些公园，尝试增建一些休闲体育场所，加强基础服务建设。此外，也可以通过政策、租金、税收等优惠措施，积极鼓励一些娱乐场所、体育场馆、企业俱乐部等，采用会员制或者其他形式，分时段为大学生优惠开放。

（三）大学生参与休闲体育的动机和兴趣不强

通常情况下，拥有锻炼知识越多且对锻炼认识越全面而深刻的人，越有可能从事体育锻炼，并长期坚持。拥有较好体育运动技能的人，其参与体育的自信心越强，参与体育行为就越积极。由于现在的教育方式还是以应试教育为主，导致大学生体育知识匮乏，他们在健身实践和习惯养成等方面缺乏正确、科学的理论知识作为指导。而高校体育课虽然大都采取选项课教学形式，由学生选择自己喜欢的体育项目，但高校在公共体育课教学内容上，理论课教学时数极少，以致绝大多数的大学生对体育知识的了解程度及如何科学地进行锻炼知之甚少，这就造成了部分大学生参与休闲体育的动机和兴趣不强。对于大学生休闲体育动机的培养也是参与访谈专家学者比较头疼的问题，体育教师们也在发挥自己的聪明才智，积极地让学生动起来，并且自主地参与到体育运动中。对学生休闲体育参与动机的培养是一个长期的过程，需要体育教师不断地努力，在教学思想上将其固定在自己思维中。

（四）体育设施不足

体育场地器材设施是休闲体育活动开展的重要保障条件之一。它包括学校的体育运动场地器材设施和学生家居附近的体育运动场地器材设施两个方面。学校和社区的体育运动场地设施的类型、状况和规模都将直接影响到学生参加休闲体育的运动项目、组织形式、活动方式等问题。国内大部分的高校满足学生的体育经费有限，造成了体育场地和设施的严重不足，大部分学校缺乏开展休闲体育的有关规章制度，这些都成为阻碍高校休闲体育发展的原因。调查数据表明，大多数学生认为学校体育场地器材设备条件无法满足他们进行休闲体育的要求。高校体育场地和设施状况在相当长的时间里难有大的改善，学校休闲体育场地困难问题将是学校开展休闲体育的重要影响因素。与此同时，参与访谈的专家对本校体育设施满意度也很低，近年来在高校扩招政策的影响下，在校生数量不断攀升，学校将主要精力放在了教室、图书馆及宿舍的投入上，对体育设施的经济投入相对滞后。

（五）对于休闲体育的指导和组织管理不够

在休闲体育活动中，思想的引导固然很重要，但是知识技能的支持和指导也非常重要。在休闲体育活动中，损伤的预防和治疗，指导员的指导和辅助，对新兴休闲体育项目的开发和教学等都需要一定的知识技能，否则休闲体育就无法进行，学生也会望而却步。目前，高校在休闲体育指导方面比较欠缺，没有形成整套的休闲体育指导体系。组织管理形式也是影响学生休闲体育活动开展的重要因素。组织管理形式的合理性不仅影响到健全的学校休闲体育管理机制的形成，而且直接影响学生参与学校休闲体育的积极性和主动性，也就是说它直接或间接地影响着学校休闲体育的客观环境及学生对休闲体育的主观感受。笔者调研的一些高校普遍没有建立起完善的休闲体育管理机构。从学校休闲体育活动实施的组织和参与主体来看，实施组织比较松散，学生主要是自愿参与，且在管理上缺乏实施效果评价体系，与高校体育课程相比仍然处于"从属"地位。从内容和形式上看，学生休闲体育活动较为传统，并且缺乏系统性。另外，还存在现代化设施欠缺或者不配套，没有配备专门的教师进行休闲体育管理和指导，场馆的利用也缺乏有效性等问题。

二、高校体育文化教育发展休闲运动的路径

(一)合理设置体育课程目标

高校体育课程目标应着眼于正确的体育价值观，培养自我学习和运用体育技术、技能的态度、能力，养成健康、文明的体育生活方式。目前，高校体育课程目标基本还是沿用了一个目的、三大任务的表达方式，目标表述过于宽泛，缺乏层次性和可操作性。[①] 以此为起点编制的课程内容体系缺乏高校体育课程特色，目标指向性不强。因此，要对高校体育课程目标重新进行合理设计。体育课程目标的设置必须从促进学生发展的角度选择教学内容，要打破传统的教学观，把教材内容看作是育人的载体。通过改革为高校休闲体育带来新的刺激和动力，给学校体育内容的更新和改革带来更大的空间。

(二)加强政策建设、增加体育设施

各级政府和教育行政部门应本着"振兴中华，教育为本"的精神，加强学校体育场馆、体育器材建设规划，加大体育投资力度。国家体彩中心应在公益金的分配中增大对高校体育设施的投

---

① 崔雪萍.影响我国全民健身计划推进的若干因素及对策[J].广州体育学院学报，2018(06)：33-38.

资比例，充分发挥学校体育政府投资的主渠道作用。高校要坚持勤俭办学的原则，保证体育资金按国家规定比例高效益使用，坚持开门办学、合作开发、建设综合体育馆、健身健美馆、游泳馆、网球场等有利于经营活动的设施，共同投资、共同管理、共享利益。充分利用举办体育比赛活动吸引企事业单位参加并投资购置必要的器材设备。此外，高校可以多渠道地筹集资金，发挥高校体育的社会特点，使高校成为社区休闲体育活动的中心。

（三）激发学生参与休闲体育的动机

高校应为学生开展多种形式、各种级别的体育比赛，吸引更多的学生参与到课余体育活动中来。在选择体育比赛项目时，应该适应学生自身的特点，最主要的是身体和生理的特点，多开展一些竞技性弱、趣味性强、技术简单、适应范围广，并能吸引学生积极参与的体育项目，比如拔河、自行车、篮球、羽毛球、乒乓球、排球、游泳、健身长跑。这些休闲运动以使学生在灵活、轻松、愉快的氛围中学习或者巩固体育的基本知识、技术和技能，培养优良的品质，发展自己的个性。课余体育活动比体育课更有灵活性，运动内容、形式与方法的主体自觉性和创造性使其比体育教学更具优越性。同时要做到时代性和传统性相结合，特色和多样化统一，使其成为学生的休闲体育活动。

（四）加强休闲体育指导队伍建设

休闲体育的时效性特别强，更新换代特别快，给我们的师资队伍建设提出了更高的要求。面对学生不同的需求、各异的问题，面对品目繁多的休闲体育项目和越来越高科技的教学手段，教师必须知识广博、思路开阔、努力钻研提高业务水平，丰富实践教学经验。[①]高校要充分利用现有的资源和条件，培养适应时代发展的休闲体育人才，为学生休闲体育的发展提供有利的指导。新时代体育教师应具备"一专""二精""多能"的教学能力，这样才能更好地指导休闲体育教学和培养休闲体育指导骨干。高校学生休闲体育指导骨干队伍的培训是休闲体育人才培养子体系中的重要环节。为了全面提高学生各团体和协会的竞赛组织能力，每年定期与不定期地组织开展各种裁判员学习班及选修课，分别从理论和实践等方面向学生系统地传授各种竞赛规则、裁判方法、竞赛组织工作等，通过系统强化和培训辅导，使学生获得相关的裁判员等级证书或者国家社会体育指导员证书，为服务体系的发展创造更加有利的条件。

（五）以俱乐部的力量带动高校休闲体育的发展

校内健身活动的服务形式主要依托大学生休闲体育俱乐部，俱乐部要打破年级、班级的界限，学生从自身的兴趣、爱好和特长出发，选择俱乐部所开设的休闲体育活动项目，在教师的指导下从事休闲体育锻炼。各个俱乐部可以自主制定教学目标、运用特定的休闲体育设施，组织集体一块儿参加休闲活动，在娱乐、休闲和健康理念的指导下，开展各种形式、富有休闲特色的体育活动，使休闲体育活动的参与者能够产生自我愉悦感，继而进行自我创造。[②]为保证俱乐部活动的顺利进行，俱乐部的组织和管理人员及俱乐部活动的参与者必须具备休闲体育的基本技能，知道如何制订和实施休闲体育计划，如何处理突发事件，等等。国外学者通过大量的研究和实践建立了一些对休闲服务业及政府的

---

① 朱玉芳，徐奕宏. 探讨休闲体育在高校体育发展中的作用 [J]. 广州体育学院学报，2018(03)：42-45.
② 穆飒. 休闲体育在高校体育教育中的发展探究 [J]. 科技资讯，2017 (22)：235-236.

休闲政策颇有实用价值的分析、预测、规划和管理的方法，并在休闲项目的规划和管理上得到广泛的应用，这些都给我们构建和优化大学生休闲体育管理提供了宝贵的经验，值得我们借鉴。

第八章 "互联网＋"时代下
高校体育教育教学新思路

第一节 翻转课堂在高校体育教学中的应用

一、微课概述

（一）微课的定义和特征

随着微博、微信、微电影等的出现，"微课"也悄然进入了我们的学习和生活中。移动互联网和智能手机的普及，使人们可以随时随地地对"微内容"进行学习。微课的"微"体现在内容的少和时间的短，而微课的"课"体现在一堂课或一门课，它是以教学为目的的课程。尽管微课概念的提出已经有几个年头了，但是学界对其定义并未达成共识。为了进一步完善和丰富微课的内涵和形式，广大教育工作者也付出了很大的努力，对于微课的认识也在不断深化。在国内，较早地提出微课这一概念并付诸实践的要数胡广生教授了。他把微课定义为三个阶段：第一阶段是微资源构成；第二阶段是微教学过程；第三阶段是微网络课程。为了交流教学经验，同时展示教师的风采，2013 年第一届微课大赛在全国高校教师网培中心的组织下成功举办。这次大赛把微课定义为"以视频为主要载体记录教师围绕某个知识点或教学环节开展的简短、完整的教学活动"。参赛的每位教师可以任意选择一门课程，借助于先进的科技手段和设备设计教学，同时录制最少 10 分钟，最多 20 分钟的微课视频。五分钟课程网则从教学的需求出发，从当前的社会热点、学习者亟须获得的知识中策划挑选出一些呈现在5分钟之内的视频里。为了使学习者能够看得懂、理解透，五分钟课程网将三维、动画、虚拟现实等技术融入视频中。视频是微课目前唯一的载体，视频的长度一般在5分钟到10分钟之间。国外的 TED-Ed、KhanAcademy、edX、Coursera、Udacity 等 MOOC 网站上有大量的经过教学实践验证的视频资源。当然，人们对微课有着不同的需求，应用的场景也不尽相同，给出的定义和形式也就存在着些许差异。因此，笔者在综合各位学者的观点及阅读了大量的资料之后，总结出微课所具有的几个特点：(1)以服务自主学习为基本的出发点，满足日益增长的移动学习的需求；(2)有针对性地讲解某个知识点，强调设计的合理性，突出教学的重点；(3)以视频形式为主，兼顾其他资源；(4)对于学习时间的把控要适度。

(二)"翻转课堂"中的微课设计

微课在"翻转课堂"中起到很重要的作用，它关系到课堂开始之前知识能否得到有效的传递，同时它也影响着课堂教学活动的设计，并最终反映到教学效果上。在翻转课堂这个生态下，微课不是完整的一节课，而是一个集合，它始终是为课堂而服务的，它可以是一个或多个知识点、教学环节、教学活动，并以网络为传播媒介展示给学生。它以教师讲解或进行演示的"微视频"为主，辅以课件、案例、素材等学习资源；以及以微"作业练习"为主，辅以在线答疑、在线测试、在线调查等自主学习活动的学习反馈。微课教学的内容一定要在教学目标、教学内容和教学对象的基础上对它们加以分析和提炼，并依据具体的教学实际制作相关视频和收集网络上的教学资源。另外，教师根据教学内容设置相应的练习和在线答疑等教学反馈环节。通过这些环节的设置掌握学生的学习情况，发现他们在学习中存在的疑问，对具体问题做出有针对性的辅导。教师应该根据具体的课堂教学内容对微课学习的时间和难度进行设定。通常情况下，微视频的时间要控制在 15 分钟以内，微课的学习时间则最好控制在半个小时左右。

二、基于微课的"翻转课堂"教学模式设计

（一）在进行基于微课的"翻转课堂"教学模式的设计之前，我们需要弄清楚如下几点：

1. 弄清楚课堂翻转的过程

"翻转课堂"翻转的是教学结构。

2. 把握住翻转课堂的特点

很多人都把翻转课堂简单地理解为教学结构的一种新模式，其实翻转课堂的实质是对传统课堂模式的重构。与传统课堂不同的是，在"翻转课堂"中，教师一改过去知识传授者的角色定位，以指导者和促进者的身份在整个教学过程中对学生进行指导，督促他们不断前行。同时，在教学活动中，学生则更加主动地参与进来，由被动转为主动。考虑到不同的年级、课程、学科，所以教师运用翻转课堂进行教学的时候所使用的方式也会存在着一定的差异，但基本理念应该是一致的。评价一堂翻转课堂的教学是否有效，我们可以从以下几个方面进行判断：学生不再是知识的被动接受者，而是知识的主动学习者；翻转课堂的实现是基于信息技术的应用；教学活动的设置使学生对知识进行了构建和内化；在课堂上，教师有更多的时间帮助学生掌握一些具有挑战性的知识，培养学生解决实际问题的能力。

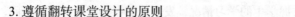

3. 遵循翻转课堂设计的原则

原则一：对学生知识的构建和内化起到促进作用

建构主义学习理论认为知识不是通过教师传授得到的，而是学生通过意义建构的方式获得的。与传统的课堂教学有所区别的是，翻转课堂把知识的传递进行前置，课前完成了知识的导入，这样便增加了师生、生生之间在课堂上的互动活动。教师要把课堂舞台让位于学生，成为协调者和指导者，从而很好地调动学生的主观能动性，激发学生学习的活力，更好地体现学生的主体地位，使得学生能更好地完成知识的建构和内化。

原则二：更好地实现分层教学

从认知负荷理论的角度来看，由于采用一样的教学内容、统一的教学进度，在传统课堂上，基础比较好的学生的认知负荷比较低，造成教学时间的浪费，而基础比较差的学生的认知负荷又比较高，对他们的学习产生了阻碍。因此，教师在进行翻转课堂教学的时候，给学生提供的微视频和相关的学习资源一定要充足。这样，学生在学习的过程中就会根据自身的学习水平对学习资源进行灵活选择、合理安排学习时间，不必担心影响到其他同学的学习进程；对于理解能力比较弱的学生，可以通过反复观看视频来深化对知识点的理解，从而做到真正意义上的分层教学和个性化学习。

原则三：有助于学生对学习的掌握

在翻转课堂的教学中，为学生创建舒适的信息化学习环境、营造轻松的学习氛围是教师的一个重要任务。这样，学生才会松弛紧绷的神经，不会因为教学进度太快而产生困扰，而是根据自身的学习情况掌握教学内容。

（二）基于微课的"翻转课堂"教学模式的实施流程

笔者在借鉴了国内外"翻转课堂"的实际应用案例之后，基于翻转课堂的特点和设计原则，不断革新和完善设计思想和应用模式，最终形成了基于微课的"翻转课堂"并适用于软件应用类课程实际的课堂需求应用模式。这种模式由课前的过关任务、课内的典型任务和课后的拓展任务组成，实现了对知识的传递、建构和内化、巩固和拓展。

1. 课堂前的准备阶段：根据教学安排的需要，教师首先要对本单元的教学内容进行重新梳理，分离出适合教师讲授和演示的内容，确定出微课教学的目的和内容，同时在网络上搜集相关的学习资源，完成微课的教学设计。

2. 课堂前的传递阶段：在规定的时间内，学生完成微视频的观看，并参与在线答疑和讨论等教师预先设定的过关环节，达到知识或技能传递的目的；教师可以借助软件自动批改的功能对学生的过关、在线答疑、讨论的情况进行掌握和分析，第一时间获取微课的教学效果，并发现学生普遍存在的问题。

3. 课堂内的内化阶段：首先，教师要将课堂前的传递阶段所搜集到的问题加以解答，按照问题的不同类型可将课堂的形式分为组织探究式课堂或讨论式课堂；问题解答完毕以后，教师开始设置典型任务，学生则可根据任务的难易进行自主探究学习或者小组协作学习，教师可以在一旁观察学生学习的情况，也可以和学生一起讨论，并在适当的时候进行个别辅导或者集体讲解；最后，完成任务形成学习作品，实现知识或技能的建构和内化。

4. 课堂后的巩固阶段：根据学生完成情况，教师要做出相应的点评，同时在网络教学平台上展出优秀的学习作品；教师还可以收集与教学内容有关的拓展资料设置拓展任务，学有余力的学

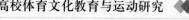

生可以挑战拓展任务，实现学生对知识或技能的巩固和拓展。

三、翻转课堂引入高校体育教学的价值

（一）利于高校体育教学对"健康第一"这一指导思想的贯彻和落实

我国的体育教学将"健康第一"作为指导思想。然而，传统的体育教学模式将大部分的课堂时间给了动作的讲解和示范，对学生探究能力的培养和自我实践重视不够。因此，要达到学生身体健康、心理健康、社会适应能力得到提高的目的是比较难以实现的，导致"健康第一"这一指导思想受到质疑。高校体育教学在引入翻转课堂教学模式以后，通过课前登录教学平台，学生可以自主地学习教学内容，这样体育教师就不用把大量的课堂时间花费在给学生讲解和示范动作上，只要对学生存在的共性问题和疑虑进行解答即可，同时纠正学生在实践中存在的问题。翻转课堂的加入使师生的角色发生了转换，大量的课堂时间被节省了下来，学生在课堂上讨论、交流、实践的时间增多了，激发了他们学习的兴趣，有利于提高他们的身体健康、心理健康水平和社会适应能力，真正落实"健康第一"高校体育教学指导思想。有关实验表明，在高校体育教学中引入翻转课堂，认为锻炼非常充分和充分的学生比例占到全部参与实验学生的84.39%，认为有利于提高身心健康的学生比例占到全部参与实验学生的96.27%。这组数据充分证明，在高校体育教学中实施翻转课堂对贯彻"健康第一"的指导思想是很有益处的。

（二）推动高校体育教学的信息化发展

在信息技术快速发展的今天，人们的生活方式和学习方式发生了翻天覆地的变化，平板电脑、智能手机等终端设备成为学生

日常学习和交流的必备之选。高校应该主动地适应社会的发展，接受信息技术对高等教育带来的变革，勇敢地站在潮头，大胆创新，不断提高教育教学质量、优化人才培养模式。尽管高校体育教学已经经历了几次改革，但始终没有重视信息技术的应用，没有从根本上改变以教师讲解和示范为主的满堂灌的教学方式。体育教师仍然是课堂的主宰者，学生只能被动地听讲，他们的学习兴趣和主观能动性无法得到有效激发，体育教学无法达到预期效果。在信息社会的时代背景下，基于信息技术的变革、人性学习需要的满足和解决课堂教学现实困境的需要，翻转课堂应运而生。[1]信息技术和教育教学经由翻转课堂被有机地结合起来，翻转课堂的教育教学理念也逐渐得到学界的认可。在高校体育教学中实施翻转课堂不仅迎合了大学生的生活方式和日常习惯，也使得教学变得更加自然化、趣味化、个性化，对推动我国高校体育教学的信息化发展具有极其重要的意义。

（三）有助于解决高校体育教学中统一化和个性化的矛盾

长期以来，无论是教学目标的制定、教学的实施，还是在体育知识、技能的考核，我国高校体育教学都采用"一刀切"的方法，体育教师把所有学生都预先设定在一个学习起点上，使体育教学表现出明显的标准化和统一化的特点。从表面上看，这种做法对所有的学生都很公平，但是却忽视了学生的个体差异，最终导致教学安排与学生实际相互脱离。在平时的体育教学中，学生都是以班级为单位上体育课的，所以需要有统一的教学安排，这样才不会影响体育课的教学计划。但是体育教学除了标准化、统一化的要求，更应该注重体育教学的个性化，以符合学生的个

---

[1] 郭文良，和学新.翻转课堂：背景、理念与特征[J].教育理论与实践，2015(11)：3-6.

体发展。高校体育教学的翻转课堂模式也有着统一化的特点：课前，体育教师把相关的教学资源上传到学校体育教学平台，学生根据视频、音频等教学资料进行学习；课上，体育教师为了解决学生普遍存在的问题，依然需要给所有的学生讲解和示范动作，以规范他们的体育技术动作、提高他们的体育能力水平，同时带领学生进行必要的训练。这充分说明，高校体育教学的设计和实施在翻转课堂的模式下也表现出很明显的统一化特点。与此同时，高校体育教学在翻转课堂的模式下还表现出明显的个性化特点。在教学目标的设计上，所有学生不仅有小组教学目标，还有个体教学目标。在教学实施上：课前，学生们根据自己的需要选择所要学习的教学资源，对学习的时间、地点、进度、速度进行控制；课中，根据每个学生存在的问题，体育教师对其进行具有针对性的讲解和示范。在教学评价上，通过体育教学平台上的测试功能，学生可以进行学习效果的自我评价。由此我们能够看出，在高校体育教学中引入翻转课堂的教学模式能够很好地解决统一化和个性化之间的矛盾，使两者统一起来。这对我国高校体育教学的顺利开展十分有利，对课堂教学效果的优化也是十分有利的。

（四）有助于高校体育教学实现工具性和人文性的统一

美国著名的心理学家 Benjamin Bloom（本杰明·布卢姆）把教学目标分成了三个领域，即认知领域、技能领域、情感领域。前两者的教学目标体现了教学的工具性，而后者的教学目标则体现了教学的人文性。工具性重实用、重实践，人文性重精神、重情感。[①] 尽管 Benjamin Bloom（本杰明·布卢姆）的教学目标分类体系长久以来得到了教育界的广泛认可，但是人们对于情感

①李春峰.高校体育教学中大学生思政教育分析[J].学周刊，2020(03)：9.

领域的教学目标则重视得不够，各个学科普遍存在"重知识与技能、轻情感体验"的现象。我国高校体育教学中有普遍存在这一现象。在平时的教学中，体育教师经常把教学看作传授知识和技能的工具，忽视对学生的情感、态度、人格需求等的关注，导致体育教学丧失了人文性。其结果就是，体育教师向学生灌输了大量的体育知识、体育技能，学生的体育水平也有所提高，但是他们并没有建立起对体育和体育课的情感，仍然缺乏必要的体育意识。很明显，这种存在于我国高校体育教学中的"重工具，轻人文"的做法是不可取的。为了全面提升学生的体育素养、激发他们学习体育的兴趣，我国高校体育教学必须把工具性和人文性统一起来。在翻转课堂的模式下，体育教师对优质的体育教学资源进行整合，以保障学生能够在课前学习相关的体育知识和技能；课堂上，通过有针对性的讲解和示范帮助学生进一步理解和内化体育知识和体育技能。这充分体现了高校体育教学的工具性特点。与此同时，翻转课堂模式下的体育教学对学生探究能力的培养极其重视，鼓励他们积极进行体育实践活动，增加师生、生生之间互动与合作，使他们获得充分的情感体验，以此达到培养学生学习体育的兴趣、端正他们学习态度的目的，因而翻转课堂模式下的体育教学具有明显的"人文性"的特点。综上所述，在高校体育教学中实施翻转课堂解决了"工具性"和"人文性"失衡的问题，使它们得以统一，对高校体育教学功能的全面发挥具有积极作用。

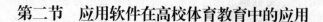

第二节 应用软件在高校体育教育中的应用

目前，我国的体育产业抓住了在移动互联网领域的发展空间，以网络为依托开发了各种各样能够满足人们通过智能手机便可以实现参与体育锻炼需求的应用软件，给人们的生活带来了很大的改变。体育健身应用软件的出现让越来越多的人参与到体育锻炼的热潮中来。对于大学生来说，他们更是这股热潮的急先锋。本节我们将一起来讨论在互联网快速发展的当下，高校体育教学中是如何引入体育类应用软件的。

一、高校体育教学为什么要引入体育类应用软件

体育类应用软件是信息技术发展到今天对我们的学习和生活有着很大影响的一种新兴事物。高校在体育教学中引入体育类应用软件主要有以下四个方面的原因。

（一）人们的生活方式已经离不开移动互联网

移动互联网已经和每个人的生活紧密地联系了一起。由中国互联网络中心发布的第44次《中国互联网络发展状况统计报告》指出，截至2019年6月，我国手机网民规模达8.47亿，较2018年底增长2，984万，网民中使用手机上网的比例由2018年底的98.6%上升到99.1%，人均每周上网时间达到27.9小时。从网民的职业来划分，学生是人数最大的群体，占到了26.0%。这一组数据充分显示了在这个万物互联的时代，移动网络和手机已经成为学生群体日常生活中很重要的一部分内容。随着互联网技术的快速发展，人们的生活方式和日常行为发生着翻天覆地的变化，很多场景都能够通过移动互联网得以实现，连读书学习、娱

乐健身这样的事情都可以在线上进行。体育类应用软件的出现正是适应了高校体育教学管理活动改革和创新的发展需求。

（二）移动互联网技术的不断创新和发展

目前，大部分的体育类应用软件都能够满足体育运动爱好者的需求。例如，根据用户爱好推送体育赛事快讯、运动项目的专业教程学习视频、户外运动定位和路线规划等。高校引入的体育类应用软件更是为学生参与校园体育锻炼量身设计的。首先，高校体育运动的开展以学生个人为单位，在用户信息中填写学号注册，依据智能手机和移动数据网络，通过 GPS 定位，地图路线智能规划等技术手段实现锻炼的目的。[①] 通过对用户运动数据的采集，将数据转化成运动时长，运动距离、步数和消耗能量，再把运动结果传递给用户，能够带来更加直观的用户体验。另外，运动数据可以在用户系统中被记录和保存下来，用户能够对数据做出长期的动态对比，并根据运动效果进行适当的调整；其次，通过体育类应用软件移动终端能够收集和转化与学生参与运动的时长和效果有关的数据，帮助体育教学工作更加科学、快捷地评价学生参与运动的效果。

（三）传统的高校体育教学模式亟待改进

在传统的高校体育教学中，根据本校各类运动项目的开设情况，通过教师分配和学生自主选择运动项目的模式进行体育教学。对于学生的学科成绩则是把所学项目的技能考评和体能测试结果结合起来赋分。由于目前各高校能够给学生提供的教学场地、教学设备、教学能力存在一定的局限，从而限制了他们学习体育的兴趣，并且体育课的时间有限，无法让学生得到充分的锻

---

① 孙妍妍."互联网+"背景下高校引入体育类 APP 现象探究 [J]. 中国体育报，2020（03）：11-15.

炼。此外，由于传统的体育教学都是以成绩考核来推动学生参与体育锻炼的，所以无法激发学生自主锻炼的积极性。尽管大学生有着比较充裕的课余时间，但是他们在网络社交等方面也花了一部分时间，因此很难保证体育锻炼的时间。为了能够提高学生的身体素质，体能测试的标准和测试的严格性每年都在不断提升，但是体育教学课时又十分有限，加之体育活动场所的数量是固定的，并且较低的使用率等客观因素的存在，这些都影响了体育活动的效果，无法真正贯彻落实学生每天在学校锻炼一小时的要求。于是，每到体能测试的时候，学生总是临时抱佛脚，抓紧时间突击练习，结果却无法取得好的成绩，这与体育课时有限、缺乏参与体育锻炼的自觉性不无关系。

（四）大学生强身健体的需求亟待满足

为了引导学生树立积极健康的生活方式，高校采用打卡、晨跑等活动组织学生参与体育锻炼。这些集体性的活动虽然在一定程度上能够带动学生参与体育运动的热情，但是忽视了学生的个体差异，对于学生的锻炼需求和自我发展是无法满足的。此外，教育部发布的《大学生体质测试标准》是高校每年测试学生体质的重要指标。能够顺利地通过这个体能测试也是高校体育教学的一项重要内容。与此同时，随着全民健身战略的开启，大学生希望通过体育锻炼增强体质的意识也在增强。现在很多大学生的作息不是很有规律，自律意识有待提高。一些疾病年轻化的趋势给大学生敲响了警钟。因此，他们需要养成良好的生活习惯，积极参加体育锻炼。高校引入体育类应用程序，同体育锻炼的教学管理模式相结合，这样便能够有效地解决学生对强身健体的现实需求和行动能力不强之间的矛盾。

二、体育类应用程序对高校体育教学的作用

目前，一些高校走在了科技的最前沿，在体育教学和体育锻炼中引入体育类应用程序，对学校的体育发展和学生的自我发展都产生了深刻的影响。

（一）对高校体育运动的开展具有促进作用

高校所引入的体育类应用程序都是专门为本校学生专属定制的，在结合本校地理位置的基础上，为学生规划出合适的运动轨迹。与目前市场上出现的其他体育类应用程序不同的是，高校所引入的体育类应用程序把大量广告和社会人员有效地屏蔽了出去。高校把传统的体育教学同体育类应用软件锻炼引导结合起来，不但能够弥补传统体育教学的不足，也能拓展学生参与运动的时间和空间，使体育锻炼的开展变得更加灵活、高效。体育类应用软件能够记录和统计学生在体育锻炼过程中的运动轨迹和运动数据，通过大数据技术对这些运动数据进行分析，设计出符合学生自身特点的训练内容，以形成长期的、系统的、可实施的运动规划。在使用体育类应用软件之后，师生、生生之间的互动交流增加了，学生在社交中进行锻炼，能够合理地安排自己的运动时间，真正落实每天锻炼一个小时的要求。体育类应用程序使学生更加重视和实践体育锻炼，营造出良好的体育运动氛围，为高校体育运动的顺利开展起到了积极的作用。

（二）对体育教学管理模式具有创新作用

首先，体育类应用程序拥有互联网平台的互动功能，这样就在教学过程中增加了体育教师和学生的互动。传统的体育教学，由于课时有限，学生进行实践的时间不足，与体育教师的沟通就更少了。体育类应用软件则为体育教师和学生提供了一个相互

学习和交流的平台；其次，体育类应用程序推动体育锻炼向动态化、持续化、智能化方向转变。高校引入的体育类应用软件可以以学期为周期对学生的体育锻炼项目做出合理的规划和监督。我们以跑步作为例子。体育类应用软件会根据实时的天气、温度、空气质量等指数对学生的跑步路线设定做出安排和调整。通过向学生推送校园内的各种体育活动和比赛的消息，使学生更加关注校园体育文化活动。为了适应移动互联技术的普及，高校可以借助体育类应用软件引导学生通过智能手机实现学习、社交、生活、锻炼四者的结合，让他们按照自己的时间和习惯自由安排、自主选择、主动完成体育锻炼。这是高校体育教学管理领域的一次创新。

（三）体育类应用软件激发了学生参与体育锻炼的积极性

在体育类应用软件的引导下，学生由过去那种被动参与体育锻炼转变为如今主动参与体育锻炼。高校应用体育类软件引导学生自主地参与体育锻炼，磨炼他们的意志，增强他们的体质。高校通过观察学生在体育锻炼过程中自动上传的运动数据便能够掌握他们参与体育锻炼的情况，极大地缓解了高校对学生硬性监督所导致的反感情绪。只要能够连上互联网，体育类应用软件就可以随时引导学生自主、自愿、自觉地完成体育锻炼。随着科学技术的发展，体育类应用软件的功能还在不断更新和完善，以满足学生的不同需求。例如，基于个人的爱好，体育类应用软件能够为学生提供科学而系统的锻炼计划，满足个性化需求。通过运动打卡功能可以起到记录、激励和社交的多种功能。在高校体育活动中，学生和教师通过网络平台社区进行良性的互动，不仅可以更好地指导学生参与锻炼，而且促进体育教学的不断完善。这种互动和体验的过程极大地提高了学生对运动体育锻炼的热情。

（四）体育类应用软件对高校体育教学提出了更高的要求

首先，体育运动类软件的引入弥补了传统体育教学对学生无法产生强力的吸引力、体育锻炼参与度不高的不足。但是，这并不意味着传统体育教学已经过时了，体育类应用软件可以取而代之，而是高校要借助新兴的科技手段对传统体育教学模式进行改革和创新。体育类应用软件只是引导学生进行体育锻炼的工具和手段，体育教学质量的提升、高校体育文化的形成、体育精神的培养、学生体育能力的锻炼都需要传统体育教学来实现。另外，高校体育精神文化的塑造需要举办丰富的体育活动赛事。2022年北京冬奥运会的举办又将掀起一次全民运动的热潮，一次次盛大的体育赛事所传播的体育精神都将不断地推动着我国的体育事业向前发展。各高校之间、学院之间通过举行体育比赛，在培养学生体育竞技精神的同时，也提高了他们对体育运动的关注度，更调动了他们参与体育锻炼的积极性。这种影响对大学生来说，将会使他们受益一辈子。

互联网时代，高校为更好地引导学生参与体育锻炼、强身健体，积极地在体育活动的开展中引入体育类应用软件。应用软件作为一种新的体育教学手段所具有的在锻炼时间安排的灵活性、锻炼效果的智能化数据呈现，在一定程度上激发了学生自主参与体育锻炼的热情。这一现象能够让广大学生群体在坚持体育锻炼的过程中磨砺意志，拥有健康的体魄，也响应国家全民健身的号召，为我国体育事业的发展、体育强国的中国梦贡献力量。

第三节 "体育云"在高校体育教学中的运用

一、云计算的相关论述

(一)定义

云计算是一种可以调用的虚拟化的资源池,这些资源池可以根据负载动态进行重新配置,使其能够被最优化地使用。用户和服务提供商事先约定服务等级协议,用户以付费模式或者免费模式使用服务。①

(二)特点

通过虚拟化技术,云计算能够按照用户的需求动态地分配存储、计算、内存、网络等资源。根据实际需求,用户能够不受时间和地点的限制快速而弹性地请求和购买服务资源,扩展处理能力。利用各种客户端软件,用户可以通过网络调用云计算资源。用户和服务提供商能够监控服务资源的使用情况。自动检测失效节点,通过数据的冗余能够继续正常工作,提供高质量的服务,达到服务等级协议要求(ALS)。我们把云计算这项技术看作日常生活中的自来水。自来水还没有进入我们的生活之前,我们都是去井边或河边打水,无法保障水的供应和质量。当有了自来水以后,之前那种纯人工的技术得到了升级,水资源实现了按需分配。我们若是把自来水系统比喻成云计算平台,每个家庭安装的水龙头就是我们使用的移动数据终端,如平板电脑、智能手机,自来水管道便是传输数据的互联网,自来水厂就是云端服务器,去污、净化、输送自来水的一系列过程就相当于云计算。目

---

① 陈康,郑纬民.云计算:系统实例与研究现状[J].软件学报,2020(03):38-42.

前，我国高校体育教学还处在人工取水的阶段，学生想要系统地学习体育知识并对自身素质、技能进行评价，仅仅通过体育课是无法满足学生的需求的。如同自来水系统能够提升水资源配置的效率一样，云计算技术走进高校定能够对体育教学的资源配置起到优化作用。

二、高校"体育云"的设计

（一）基本框架

由于"体育云"的用户暂时只针对高校的学生，所以使用高校机房的大容量存储设备作为服务器或者租用小型网络服务器完全能够满足"体育云"对硬件的要求。软件可以由若干个模块对这套系统进行运行。首先，把对学生和教师数据进行管理的数据库管理软件镶嵌在服务器终端；其次，对教师的客户端进行授权，赋予教师一定的操作权限；最后，对学生的客户端进行授权，赋予学生一定的操作权限。平板电脑软件客户端、手机软件客户端、网页客户端和电脑软件客户端都能够成为"体育云"的客户端。教师和学生需要把这套系统软件下载到自己的智能设备上，设置用户名和密码即可登录系统。

图8-1 "体育云"基本框架

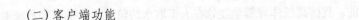

（二）客户端功能

1. 教师客户端功能

教师客户端具有如下功能：输入和查询学生数据，给出学生的体育成绩，确认学生上课的考勤情况，向学生发通知和作业，确认学生课外体育活动的完成。

2. 学生客户端功能

学生客户端具有如下功能：查阅自己的数据，查阅自己的课程信息，查阅自己的课外活动任务信息，报名参加运动会并查阅自己的比赛信息，建立或参加体育项目兴趣小组，进行小组活动。

（三）运行模式

1. 注册和数据录入

新生入学登记注册后，他们的资料，如姓名、学号，便会被录入到数据库中。开学后，高校按照教育部颁布的《大学生体质测试标准》对全体新生进行一次完整的体质测试。测试结束后，教师对学生的成绩进行核对并录入数据库，作为学生的"基础数据"。教师将数据录入后，根据学生的测试成绩，系统会自动地对学生进行分组，把身体素质接近的学生分到一个组里。教师将根据分组情况对学生展开体育教学，教师针对不同组别的学生安排不同的教学内容和体育课的负荷及强度。学生可以通过学生的客户端查看并核对自己的基础数据，如果发现数据有问题可以联系教师进行复核并修改。

分组的依据：各项素质测试成绩加权平均，按照百分制给出最后成绩。

分组的方式：按照加权平均出的最后成绩排名，分为 A、B、C、D、E 五个大组。其中成绩排名前 15% 的学生进入 A 组，排名在前16%~50%的学生进入B组，排名在前51%~80%的学生进入C组，最后20%的学生进入D组，E组为保健组（有先天或后天疾病不能参加剧烈运动的学生）。

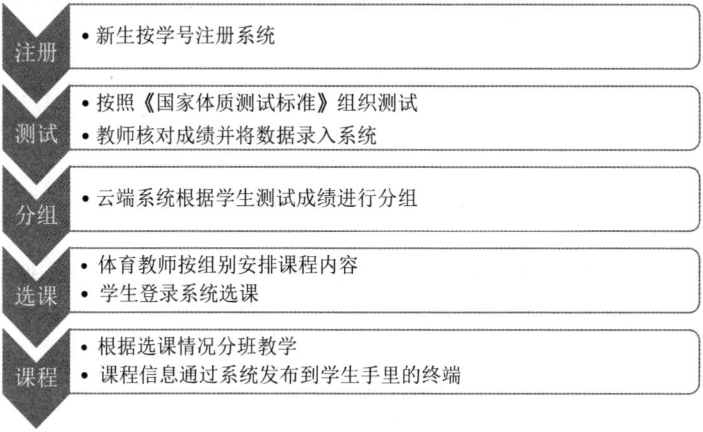

注册	• 新生按学号注册系统
测试	• 按照《国家体质测试标准》组织测试 • 教师核对成绩并将数据录入系统
分组	• 云端系统根据学生测试成绩进行分组
选课	• 体育教师按组别安排课程内容 • 学生登录系统选课
课程	• 根据选课情况分班教学 • 课程信息通过系统发布到学生手里的终端

图8-2　学生注册和选课流程

2. 课程模式

在学期开始的时候，教师根据系统对学生的分组情况、按照各个组别的人数，给各个组中的学生发放选课问卷，问卷包含学校预开设的所有选修课，以及学生已经具备的相关课程的技能水平。系统会根据问卷的结果通过大数据分析并安排出针对每个组别的必修课和选修课。学生登录系统，在规定的各自组别内选择自己喜欢的课程。选课结束以后，云端系统会自动生成班级并向教师和学生公示，学生可以通过系统查询自己的上课时间、地点、任课教师，而任课教师也会获得本班学生的数据权限。每个班级自动形成一个班级群，教师可以在群里向学生发布课程信息、课后作业、通知。教师发布的信息会以手机客户端推送的方式迅速地传达给学生，学生也可以通过系统向任课教师留言和提问。上课过程中，教师手里的智能移动终端（如智能手机、平板电脑）安装系统客户端后能取代点名册对学生进行考勤、评分。学生在课堂上的情况被教师通过客户端实时传送到云端，并录入数据库。

3.教学内容

表 8-1　教学内容

组　别	教学内容
A	运动技能及运动技战术的演练，体育竞赛规程，科学健身方法等以提高为目的的教学内容。同时，培养该组学生的体育欣赏鉴赏能力，在有条件的情况下培养个别专项的裁判能力。
B	运动技能，科学健身方法及少量素质练习等以巩固为目的的教学内容。同时，巩固该组学生的体育运动兴趣，进一步激发他们的内部动机，帮助其形成良好的体育习惯。
C	少量运动技能的学习，科学健身方法及大量有针对性的素质练习等以夯实基础为目的的教学内容。同时，重点培养学生的体育认知，激发本组学生的体育动机，帮助他们养成良好的体育习惯。
D	科学体育健身方法及各种有针对性的素质练习等以改善身体亚健康状况为目的的教学内容。同时，重点培养学生的体育认知，激发本组学生的体育动机，帮助他们养成良好的体育习惯，并且在有条件的情况下指导该组学生如何饮食和作息。
E	以康复为目的的有针对性的身体活动或团队协作活动。促进该组学生的身心健康，帮助其恢复正常的生理机能。

体育教师可以在云端发布 A—E 级的公开课用于指导学生课外体育锻炼，公开课内容不限（与体育运动相关），类似于讲座。A—E 组的学生在云端报名参加，学生可以根据自己的兴趣和需求选择教师和课程内容，每人每学期必须参加一次公开课，参加次数不限，越多越好，参加公开课的次数计入评价体系。

4. 课外活动任务

基于学生的基础数据，云端系统会给学生下达不同锻炼任务的课外活动，以强化他们的弱项。在规定的课外活动时间内，学生要在值班教师监督下完成课外活动任务。值班教师要将学生锻炼的数据做好记录并录入数据库。例如，之前提到的 C 组学生。他们中有一些学生在有氧运动能力方面需要提升，因此他们的课外活动任务就将是做一些时间长达 20 分钟以上利于有氧能力提升的运动，比如骑行、慢跑、快走、游泳。如果条件允许，"体育云"平台下开展的课外活动的实时监控可以以学生手中的智能终端上传的 GPS 数据和对应的心率 (利用手机的摄像头和闪光灯可以准确测量心率) 作为依据，而不是值班教师的在线监控，从而减轻体育教师的工作量，并且做到了学生课外活动的时间、强度、活动量的数据化。这有利于体育教师更加准确地评价学生的课外活动。

图8-3 课外活动任务

除了上面提到的课外活动，如果云计算大数据的条件允许，高校应该不断丰富课外活动的方式，下面笔者就再给大家介绍一些课外活动：

(1) 学生体育社团 (俱乐部)

利用云平台，学生可以发布并创建体育兴趣小组。当有 50 个人响应时，系统就会推送给负责这类活动的体育教师进行审核。审核如果通过了，这个社团就成立了。社团的组织成员有：社长 (负责社团大小事务)、指导教师 (由负责这类活动的体育教师担任，对社团活动进行指导和监控)，4~6 名常务副社长 (负责组织社团活动、对社团成员进行考勤和评估)。在社团里，学生不仅能够认识和自己有相同爱好的学生，还可以发挥他们的兴趣，对他们进行体育锻炼的内部动机具有促进作用。社团开展的项目可以尽量丰富一些，不要拘泥于传统的竞技体育项目，一些受学生喜欢的休闲运动，比如跆拳道、瑜伽、轮滑、骑行、街舞，都可以。社团中将有 4~5 个副社长组成的评估小组对学生的表现进行评估，在指导教师副审后上传到"体育云"，将其作为体育课成绩的一部分。

(2) 校内校际联赛

国外许多高校体育社团活动及校际联赛都开展得很不错。例如，在感恩节前，美国的伯克利大学和斯坦福大学都会举行一场橄榄球赛。这个比赛从 1892 年一直延续至今，并且人们给它起了一个名字叫 Big Game。比赛开始前的一个月学生就开展了宣传攻势。到比赛那一天，附近的很多居民都会去观看，比赛的结果成为居民和学生的谈资。这样两个离得不是很远的知名大学进行的比赛在美国和英国是很常见的，比如哈佛大学和耶鲁大学、牛津大学和剑桥大学。他们展开的不仅仅是体育竞技，也是学校精神的竞技，对他们在学术、科研等方面的发展具有促进作用。各个社团、院系之间可以就一些热门的竞技体育项目开展校内校际联赛，联赛由社团社长或各个院系体育部长 (学生) 组织操作，请一位相关专项体育教师以裁判长的身份进行控制和监督，并对学生裁判进行培训。联赛可以通过云计算平台发起，超过一定数目的队伍响应即可开展，也可以以挑战赛的名义由某个社团或者院系向另一个社团或院系发起挑战，另一方响应即可开展。联赛过程中，表现优秀的参赛运动员、裁判、比赛组织工作人员都将由联赛裁判长提名上传至云端，作为体育课成绩的一部分。另外，联赛获胜的社团或者院系将获得一系列的荣誉和奖励，比如某届联赛第一名的社团可以在云端平台的社团徽章上加一枚星(参照世界杯)。这样做不仅传承了荣誉，还吸引了更多的学生参与到社团活动当中，对其他社团也是一种激励，培养了学生的体育比赛竞争意识，营造了你追我赶的良性循环。

(3)运动会的报名和执行

在运动会的筹备阶段，拟定的比赛项目被体育教师上传至云端，系统将自动发布报名信息，并组织报名。通过登录客户端，学生可以根据自己的特长自由地填报比赛项目或者报名志愿者，由各院系筛选后传至云端。报名结束之后，根据云端汇总的报名情况，体育教师拟定出秩序册，再由系统将秩序册发布出去。

参加比赛的学生会收到云端推送的通知，通知内容包括参赛号码、检录地点、检录时间等信息。课余运动竞赛后的比赛成绩也会被录入系统数据库，学生和教师可以通过系统查阅运动会的比赛结果。学生的参与情况和获奖情况会被录入个人数据库，作为体育课成绩的一部分。

5.学生体育成绩评价标准

(1)学生体育成绩评价

"体育云"从多个维度对学生的成绩进行评价。体育成绩由三个部分组成，即技能考核、认知考核、素质考核。技能考核指的是体育教师根据学生的选课内容对他们的运动技能进行考核，考核在学期末进行，由任课教师根据不同项目的特点进行考核；认知考核指的是体育教师根据学生选课内容对他们进行相关体育项目的知识和基础运动生理学知识考核。与传统的单一考核比起来，素质考核是以学生入学时的"基础数据"作为参照，对学生进行一次相同的体质测试，两次数据进行比较，成绩提高越多的学生在这项考核中的得分也越高。考核的标准既可以是体质测试成绩的变化，又可以是体质测试的结果。为了避免学生因为要获得好的体育成绩而在"基础数据"中掺杂水分，教师可以将课外活动任务的完成情况和"基础数据"的结果进行挂钩。测试结果优秀，课外活动任务就相对减少并适当增加娱乐性（比如进行球类联赛）；相反，测试结果不理想的学生课外活动任务会相对较多，并且以体能训练为主。此外，体育课成绩的参考还包括学生的运动比赛的参与情况、课外活动参与情况，以便调动他们参与体育的积极性。

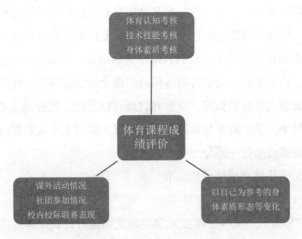

图8-4　学生体育成绩考核标准

（2）学生对教师的评价

在"体育云"中，学生在课程结束后将对任课教师进行实名评价（非强制性）。在传统的体育教学模式下，学生的考核成绩在一定程度上受体育教师的影响，学生对体育教师的评价多使用不记名的方式进行，无法对评价的客观性做出保证。在"体育云"中，学生体育成绩的构成更加多元化，受到教师的影响比较小，免去了学生对教师实名评价的担忧，因此能够保证评价更加客观。

三、"体育云"和传统体育教学模式的比较

（一）体育认知

在传统体育模式下，学生不能很方便地对体育科学理论知识进行系统的学习，缺乏积极自主参与体育运动的意识。在高校体育教学实践中，学生无法与教师进行有效的沟通，双方很少有时间坐下来聊聊，教师从学生那里得到的反馈比较有限，因此教师对学生的情况就不是很了解。学生的身体素质到底怎么样、对体育运动是否有兴趣、体育习惯是什么，体育教师都无从掌握。体育教师只能照本宣科，无法因材施教。与此同时，体育课程在设置上忽视了对学生进行体育认知教育，无法激发他们的锻炼动机，缺少对必要的运动生理学、运动伤病防范和及时处理这类体育科学知识的传授。"体育云"则为教师和学生之间进行有效沟通搭建了桥梁。通过查询"体育云"上的数据，教师能够及时地掌握学生的身体状况以及他们都喜欢从事什么类型的体育运动。学生通过登录"体育云"可以了解教师所精通领域的专业知识和发展现状。具有实时通信功能的"体育云"便利了教师和学生之间的沟通，教师可以根据学生的实时反馈动态地调整教学内容和教学方法，根据学生的个体差异有针对性地展开教学，大幅度地

提高了教学效果。此外，在"体育云"的帮助下，教师可以将目前最先进的体育理念和锻炼方法传播给学生，不仅对他们体育认知的提高有所帮助，还能够激发他们参与体育锻炼的内部动机，更能够提高他们的体育科学素养和欣赏水平。

(二) 体育课程管理

教育学很重要的一个原则就是因材施教，但是从高校体育教育的实施来看，出于管理方便的目的，按照行政班或者选修课的模式展开教学是目前大多数高校的不二选择。而从教学的角度来看，这样的分班模式忽视了学生的个体差异，导致一些学生能够轻松地完成教师布置的学习任务，而有些学生则比较吃力，甚至无法完成，使教学效果大打折扣。"体育云"则按照身体素质对学生进行分班教学，实现了体育教育中的"区别对待"。在一个学生身体素质比较相近的班级里，体育教师的教学内容和负荷强度能够和学生的实际情况相适应，使课堂教学的针对性有所加强，课堂效率有所提升。

(三) 教学内容

目前，就大多数高校的体育教学内容而言，主要还是以三大球、三小球的技能讲授和田径素质训练为主。随着时代的发展，一些新兴的体育项目，比如定向越野、跆拳道、瑜伽开始走进高校体育课堂，并且深受学生的喜爱。由于受到场地、器械的影响，高校体育课程的开展受到了限制，很多教学目标无法顺利地完成。"体育云"的理念认为，教学内容应该服务于学生的课外体育活动，因为真正对学生起到锻炼作用的就是体育课外活动，也只有课外活动能够满足学生的体育需求。[①] 在云计算环境

---

① 李英玲.大数据下高校体育智慧课堂与云教学模式研究 [J].研究交流，2020(03): 167.

下，基于学生的需求，合理地分配体育资源，体育教学要走出场地和形式的束缚，采取更加灵活多变的形式，以提高体育教学的效果。

(四)课外活动

高校里普遍存在这样一个现象，就是很多的学生喜欢体育，但是不喜欢体育课。这是值得我们体育工作者深思的一个问题。目前，课堂教学仍然是高校体育课程的主要形式。课堂以外，教师和学生的交流就变得很少。由于是学生自发地组织，课外体育活动无法和课堂教学有效地结合起来。因此，只有真正爱好体育的学生才会参与课外体育活动，而那些对体育活动不感兴趣的学生除了在体育课堂上进行锻炼，其余时间几乎不进行任何体育锻炼。对这部分学生而言，体育课堂并不能激发他们的主观能动性，培养他们参与体育的意识，更别提终身体育意识的培养了。"体育云"把学生参与课外体育活动的情况也作为他们体育课成绩的一部分，使课外活动和课堂教学紧密地结合起来，激发他们参与体育运动的热情，培养他们良好的体育习惯。学生可以通过系统注册球队开展校内体育联赛，以活跃学校的体育氛围；他们也可以组建各种体育兴趣小组，在强身健体的同时也愉悦了心灵。

(五)体育成绩评价

目前，高校对体育课成绩的考核实行的都是统一标准的结果评价，这让有些身体素质出众的学生不费力气就拿到优秀，而有些学生明明非常努力，却因为自身身体素质基础太差而无法得到良好的成绩。过程评价占总评的比例太少，并且过程评价始终没有一个客观的量化标准。"体育云"在传统评价方式的基础上加入了两项指标，即学生课外运动参与情况、学生身体素质变化情况。对学生在校的体育表现进行了更加全面而综合的量化过程评价，使得评价的结果更加客观。与此同时，这样的评价考核体系对于激发学生参与体育活动的主观能动性具有促进作用，特别是那些身体素质比较弱和缺乏信心的学生。从评价结果来看，"体育云"以学生个体为出发点，对他们的体质数据进行跟踪，使每个学生都能够清楚地了解自己的体质情况，能够直观地看到自身体能的变化。一旦哪个方面的机能发生下降，系统便会发出警告，并且给出相应的提升方案。从整个大学生群体来看，通过"体育云"，国家能够获得最新的大学生体质数据，为制定出有效的指导建议和政策方针能够提供数据支持。

结 束 语

本书对高校体育文化教育与运动的研究结论主要有以下几个方面：

（一）高校要弘扬体育意识、体育精神、体育文化

高校担负着培育全面发展的人的重任，在平时的体育教育中要渗透体育意识、体育精神、体育文化，使学生树立正确的体育观，养成良好的体育习惯和终身体育的习惯。顽强拼搏、奋勇争先、坚持到底、不畏困难是任何体育项目都要具有的体育精神。学生通过参加体育锻炼能够磨炼他们的意志、坚定他们的信心，为他们日后走向社会奠定坚实的基础。随着人们生活水平的提高，体育运动已经成为人们生活的一部分。高校体育教育就是在培养学生养成体育锻炼的习惯，通过参与体育锻炼来陶冶他们的情操，形成积极、乐观的人生态度，为终身体育的养成奠定基础。高校体育文化培养和发展了学生学习的主体积极性，提高了他们体育锻炼的能力，使他们意识到体育的真正价值。在这种潜移默化的影响下，学生的身体素质和参与体育的热情一定能提高。

（二）高校要不断完善体育场馆和体育设施

一个高校体育文化教育开展得如何，体育场馆和体育设施的建设就是很直观的感受。随着近年来高校的不断扩招，越来越多的青年人能够走进大学。但是，随之而来的是高校体育场馆和体育设施的不足。具有先进体育设施的体育场馆能够给学生带来好

的锻炼体验，增加他们锻炼的频度和热情。体育锻炼不仅能够强健身体，还能够释放压力、陶冶情操。大学生的课业负担也是比较大的。除了学习，他们也渴望通过体育活动来放松身心、交到更多志趣相投的好朋友。如果体育场馆关闭或是使用紧张、体育设施陈旧，将会极大地拉低学生的体验感，打消他们的积极性。因此，高校要在保证正常的科研和教学的基础上，将经费向体育场馆和体育设施的建设适当倾斜，提高体育硬件设施建设，为体育文化教育提供物质保障。

（三）高校要开展丰富多彩的校园体育活动

大学生是高校体育文化的参与者。他们处于最活跃又富有朝气的青年时期，具有较高的文化层次。他们有丰富的想象力和较高的鉴赏力，同时又有较高的自我表现能力和强烈的表现愿望。高校应该通过组织各种校内或校际比赛，鼓励学生成立各种社团，还可以在课外体育活动中引入一些受学生欢迎的体育项目，比如越野、轮滑、跆拳道，来激发他们参与体育活动的兴趣和热情。学生通过参与校园体育活动能够增强他们的团队意识，强健他们的体魄，缓解学习带给他们的压力，培养健康的心态，体育锻炼成为他们生活的一部分，同时传承了本校的校园体育文化，将体育教学延伸到课外，丰富了他们的课余生活。在自由、奔放的校园体育文化氛围中，学生领略了运动带给他们身体和心灵的完美体验。

（四）高校要在体育教学和体育文化教育中引入慕课、体育类应用程序

我们所处的时代是一个信息技术快速发展的时代，无论是生活方式，还是学习方式都发生了翻天覆地的变化。现在越来越多的学生开始利用平板电脑、智能手机等移动终端设备获取知识。

为了适应时代的发展，高校应该主动变革，在体育文化教育、教学中引入慕课、体育类应用程序。通过信息技术的应用，高校体育教学突破了课堂的限制，学生可以通过体育教学平台提前了解教学内容，课堂上教师可以针对学生的难点进行有针对性的教学，增强了教师和学生之间的沟通，也激发了学生自主学习的积极性，变被动为主动。同时，体育类应用程序的使用使得学生的校园文化体育锻炼更加有针对性、科学性。体育类应用程序能够实时记录学生的运动数据，将其传回数据终端，经过分析后，为学生提供量身定制的运动方案，并能够将一些校园体育活动及时地推送给学生，使他们能够了解更多的体育信息，激发他们参与校园体育活动的热情。

以上就是本书对高校体育文化教育与运动得出的一些结论。不可否认的是，受笔者知识的广度和深度、资料来源、研究时间等因素的限制，书中仍在一些方面存在不足之处，希望自己能在今后的研究中加以弥补和修正。

参 考 文 献

[1] 钟喜婷，罗林，赖国健.文化学视角下的现代篮球运动——浅谈篮球文化之"内"与"外"[J].首都体育学院学报，2005(01)：12-16.

[2] 曲宗湖，杨文轩.现代社会与学校体育[M].北京：人民体育出版社，1999：23-27.

[3] 唐士敏，郭舰洋.普通高校体育文化教育的内涵与方式[J].体育世界·学术，2015(08)：43-44.

[4] 于华.试论我国校园体育文化[J].体育科技，2016(01)：34-36.

[5] 程远义，杨爱华，张英.文化强国战略下高校体育文化建设新思考[J].沈阳体育学院学报，2016(06)：47-49.

[6] 杨玲，王伟明，戴绍斌."三自主"选课下大学生体质状况与干预策略研究[J].湖北体育科技，2017(01)：59-61.

[7] 秦勇.力效和谐：高校体育文化与大学生心理健康[J].南京体育学院学报，2019(04)：123-125.

[8] 朱振涛.论高校校园体育文化特点及大学生人格培养[J].科技信息，2016(32)：55-58.

[9] 全国普通高等学校体育课程指导纲要[S].教育部，2002.

[10] 杨玲.大学体育选项课实施效果的影响因素[J].武汉体

育学院学报，2017(08)：76-79.

[11] 杨玲，韩双双.高校体育文化教育的特征与要素分析
[J].中国学校体育(高等教育)，2020(08)：25.

[12] 王道俊，郭文安.教育学[M].北京：人民教育出版社，
2009(05)：167-179.

[13] 曾敏，王定宣.和谐体育文化视野下高校体育文化建设
研究[J].广州体育学院学报，2020(04)：109-110.

[14] 姚蕾.认识体育隐蔽课程[J].南京体育学院学报，2020
(04)：1-8.

[15] 徐伟，姚蕾.回到原点的思考：大学体育的人文教育规
复问题[J].北京体育大学学报，2020(04)：99-108.

[16] 关于进一步加强和改进新形势下高校宣传思想工作的
意见[OL].http://news.hebust.edu.cn/llxx/wxzl/68529.htm,
2016-03-14.

[17] 王湛卿.高校校园体育文化建设研究[D].湖北工业大学，
2014：23-27.

[18] 顾春先，何文涛，胡波.我国普通高校校园体育文化建
设现状及对策[J].成都体育学院学报，2015(08)：21.

[19] 云学容.我国高校校园体育文化建设探析[D].四川大学，
2014：12.

[20] 张洪江，王建兴.论竞技体育对学校体育的教书育人
[J].湖北体育科技，2011(02)：147-149.

[21] 中共中央国务院印发《关于加强和改进新形势下
高校思想政治工作的意见[OL].http://www.gov.cn/
zhengce/2017-02/27/content_5171481.htm, 2017-02-27.

[22] 李志义.高校体育文化提升大学生心理资本的理论构想

[J]. 黑龙江高教研究，2020(03)：96-98.

[23] 任莲香，虎晓东．试论高校校园体育文化教育的作用 [J]. 西北师范大学学报，2010(02)：111-115.

[24] 王俊平．我国当代大学体育"文化本文"思想之研究 [J]. 当代体育科技，2013(04)：124-125.

[25] 杨艳，王向红．高校体育文化建设的困境与出路 [J]. 体育文化导刊，2019(12)：86-89.

[26] 冯宏伟．学校体育教学融入民族传统体育项目的问题与对策 [J]. 教学与管理，2018(08)：95-97.

[27] 王智慧．体育强国战略背景下体育文化实力的维度解析与提升路径研究 [J]. 体育与科学，2020(04)：30-31.

[28] 周芳，方新普．新形势下高校体育文化建设再思考 [J]. 湖北文理学院学报，2017(04)：85-88.

[29] 卢元镇．体育社会学 [M].北京：高等教育出版社，2002：82.

[30] 杨少文．西安地区高校体育环境对大学生体育锻炼行为的影响研究 [D]. 西安体育学院，2011：15-17.

[31] 武东海，王阳，范美丽．微时代背景下体育教育传播话语研究 [J]. 湖北体育科技，2020(05)：23-25.

[32] 陈英军．新媒体时代中学校园体育文化传播现状及方略探析：以株洲市市区示范性普通中学为例 [J]. 湖南工业大学学报（社会科学版），2016(03)：45-48.

[33] 陆青，张驰，杜长亮．微时代我国体育文化传播的模式创新研究 [J].南京体育学院学报（社会科学版），2016(06)：34-36.

[34] 王景亮．大学生体育态度和体育行为的现状调查及对策

研究 [J]. 西安联合大学学报，2016(11)：85-88.

[35] 张丽娟，陈东升. 关于高校校园体育文化的研究 [J]. 现代农业科学，2020(03)：45-47.

[36] 李文堂. 马克思关于"人"的概念 [J]. 南京大学学报，2016(06)：5-13.

[37] 舒刚民. 大学体育"立德树人"的时代审视 [J]. 体育学刊，2020(02)：7-13.

[38] 杨文轩. 论中国当代学校体育改革价值取向的转换——从增强体质到全面发展 [J]. 体育学刊，2016(06)：1-6.

[39] 聂书宝. 终身体育思想在学校体育教学中的渗透研究 [J]. 江苏第二师范学院学报（自然科学），2017（06）：83-85.

[40] 董跃春，谭华，宋宗佩. 建设终身体育社会的价值研究 [J]. 体育科学，2016(04)：51-60.

[41] 王保军. 基于文化社会学视角的当下休闲体育文化探析 [J]. 体育与科学，2011(03)：76-78.

[42] 郭文良，和学新. 翻转课堂：背景、理念与特征 [J]. 教育理论与实践，2015(11)：3-6.

[43] 李春峰. 高校体育教学中大学生思政教育分析 [J]. 学周刊，2020(03)：9.

[44] 孙妍妍. "互联网+"背景下高校引入体育类 APP 现象探究 [J]. 中国体育报，2020(03)：11-15.

[45] 陈康，郑纬民. 云计算：系统实例与研究现状 [J]. 软件学报，2020(03)：38-42.

[46] 李英玲. 大数据下高校体育智慧课堂与云教学模式研究 [J]. 研究交流，2020(03)：167.

[47] 郭敏进，孙伟.论民族传统体育文化对高校校园体育环境建设的影响 [J].体育科技，2020(03)：60-61.

[48] 王琳琳.民族传统体育文化对高校校园体育环境建设的影响 [J].体育世界 (学术版)，2017(07)：108-109.

[49] 崔雪萍.影响我国全民健身计划推进的若干因素及对策 [J].广州体育学院学报，2018(06)：33-38.

[50] 朱玉芳，徐奕宏.探讨休闲体育在高校体育发展中的作用 [J].广州体育学院学报，2018(03)：42-45.

[51] 穆飒.休闲体育在高校体育教育中的发展探究 [J].科技资讯，2017(22)：235-236.

[52] 王金花.谈体育舞蹈对大学生社会化的影响 [J].山东省农业管理干部学院学报，2016(06)：65-68.

[53] 欧秀伶.我国高校校园体育文化建设的若干思路 [J].体育世界：学术版，2015(07)：31-32.

[54] 高东.关于构建高校体育育人机制的思考与尝试 [J].北京教育 (德育)，2015(03)：26-27.

[55] 陈兵.体育教学中隐性育人功能当议 [J].中国成人教育，2019(13)：143-144.

[56] 徐伟.高校校园体育文化建设及其育人的内在机理分析 [J].北京体育大学学报，2015(01)：94-99.

[57] 王莹.高校体育教学与传统文化教育融合发展的研究 [J].湖北科技学院学报，2015(01)：93-95.

[58] 杜兵."弟子规"：我国传统文化与现代体育教育理念的融合 [J].未来英才，2017(11)：255.

[59] 刘荷芳.传统茶文化与高校体育教学相融合的研究 [J].福建茶叶，2016(11)：389-390.

[60] 杨静，田慧.休闲体育与高校校园文化建设研究 [J]. 江苏高教，2017(03)：105-107.

[61] 滕金丽，张静.休闲体育对高校校园体育文化建设的影响 [J]. 少林与太极 (中州体育)，2016(01)：22-25.

[62] 关倩倩，伏静.休闲体育对高校校园体育文化建设的影响 [J]. 西部教育，2016(22)：294.